JN282119

イエスは食べられて復活した

バイブルの精神分析・新約篇

やすい ゆたか著

社会評論社

イエスは食べられて復活した——バイブルの精神分析・新約篇——

＊目次

プロローグ　「人喰い」と「イエスの復活」

「人喰い」と言う者が「人喰い」

「人喰《ひとく》い」など飢餓《きが》の時以外にはなかった。文化的慣習としては存在しなかったという画期的な学説が書かれてあると、竹田英尚著『文明と野蛮のディスクール』[1]（ミネルヴァ書店、二〇〇〇年刊）に書いてありましたので、W・アレンズ著、折島正司訳『人喰いの神話――人類学とカニバリズム――』（岩波書店、一九八二年刊）を最近（二〇〇〇年、七月）読みました。アレンズの言い分では、非西洋人が人喰いをしていることを指摘することによって、西洋人は非西洋人を野蛮で、非人間的で、価値が低いと決めつけていたのです。それでそういう連中の形成した文明や文化は破壊し、植民地として支配して、半強制的にキリスト教に改宗させるべきであるという結論を導き出してきたそうです。意図的か無意識か、いずれにせよ、非西洋人の人喰いの存在を連想させる情報は、西洋人が自分たちの強欲からくる略奪や圧政、大量虐殺を正当化するのに格好《かっこう》の情報であったわけです。

西洋人は、自分の目で見て確かめたわけでもないのに、非西洋人に人喰いの伝承や噂があれば、簡単に信用してしまいます。ところが西洋人に関しては、そんなことをするのは悪魔か鬼にされてしまいます。キリスト教徒が初期に子供を生贄《いけにえ》にし、みんなで食べていたという人喰いの秘儀の情報がありますが、西洋人は、これを弾圧のためのデマゴギーであったと簡単に決めつけ、絶対にそんなことはなかったと確信しています。石塚正英著『歴史知とフェティシズム』（理想社、二〇〇〇年六月刊）によりますと、マルクスは一八四七年一一月三〇日のロンドンのドイツ人労働者協会の演説で、そのことを記したダウマー著『キリスト教古代の秘密』を紹介し、この著作で「キリスト教は最後の一撃をくらった」と述べています。しかし自分たちの子を喰い合わなければならなかった教団が、世界宗教にまで拡大できたはずがありません。

わたしもこの種の噂は「人の子の肉を食べ、血を飲まなければ、永遠の命は得られない」という「ヨハネによる福音書《ふくいんしょ》」の「人の子」の意味の取り違えから生じた誤解であったと思います。「人の子」というのは「メシア」つまり救世主＝キリストのことであり、一般人の子供では決してありません。ユダヤ教・キリスト教の文化では、人喰いは絶対のタブーでしたし、パンとワインによる聖餐が当初よりありましたから、そのような教会の秘儀はありえません。(2)

西洋人は自分たちは人喰いではないと確信していますが、自分たち以外の人間なら野蛮だから、人喰いもやりかねないと思っているそうです。でも人喰いがタブーでない社会などは、基本的にはあり得ません。そうでないと安心して寝てられませんからね。それでも西洋人は、東洋人や中南米のインディオなら理性が劣るので、人喰いをしかねないと思っています。特にアフリカの首狩り族などが人喰いをしているのは、疑う余地はないと確信しています。それでアレンズは首狩り族にも取材していますが、人喰いの場面は目撃できませんでした。人を食べたと自認する人も皆無だったと言います。逆にアフリカ人は西洋人は子供を食べる人喰いだと確信しているらしくて、アレンズ自身が子供を誘拐して食べるのではないかと、首狩り族の人々にずっと警戒されていたということです。

彼は人喰いで最も有名な南米のアステカ族とアフリカの首狩り族の取材を通して、「人喰い」が他部族に貼るレッテルであり、相手を人間以下と見なすためのイデオロギー的な神話だという感触を掴んだのです。アステカ族では大量の人身御供《ひとみごくう》が行われ、首が何千と並べられ、その肉はお下がりでみんなで食べたとされています。でも首が並べられたのは事実でも、その肉を食べている現場を直接見た学者はいません。だからあくまで伝聞に過ぎないというのです。その証拠に人喰いをしているはずのアステカ族が、スペイン人との戦闘で町を包囲され、飢餓に陥ったとき、だれも食べられずに大量の餓死者を出したそうです。

アレンズは、北京原人の頭蓋骨《ずがいこつ》に穴が開いているのを人喰いの証拠と見ることにも懐疑的です。霊を抜くための穴開けかもしれないという解釈だって可能なのです。それを人喰いと解釈するのは、自分たちではなく、自分たち以外の文化圏の人間だからだそうです。

確かに西洋人が非西洋人に人喰いの汚名を着せたがるのは、非西洋人を人間以下と見なすことで、彼らを西洋人に隷属させたかったからかも知れませんね。このことを指摘したアレンズには、侵略やそれに伴う虐殺や強奪、その後の植民地支配を反省する西洋人としての良心が窺えて、感動すら覚えます。「人喰い」というレッテル貼りの多くが、差別的偏見に基づくという指摘は、たしかに心して受け止めておくべきでしょう。でもそのことと人喰いの事実は区別すべきです。[3]

山口昌男は、同書の解説「人を食った人類学」で、前王の心臓を粉末にして乾燥したものを食べる王による食人は最も聖なるものとして語られていて、決して他部族による否定的な表現によることだけではないと、アレンズを批判しています。[4]

中国でも歴史書には、反逆者の内臓を膾《なます》にして食べたことが載っています。最近では文化大革命では、走資派の肉を大勢で食べたということです。そのお陰で走資派の精神が文革派に乗り移って、かえって資本主義的発達を促進してしまったのでしょうか。（これはイロニーですよ、本気でとる読者もいるかもしれませんから念のため。）日本では最近まで、父の葬儀で、その骨を子供たちが噛むという「骨噛《ほねか》み」の儀式が行われていたようです。この話は、五木寛之の『青春の門』にも出てきます。

骨噛みが人喰いの名残かどうか、議論の余地はあるでしょう。それにおそらくアレンズは、そういうのは全部伝聞であって、自分の目で見て確かめない限り信じるべきではないというでしょう。なぜなら、アレンズは「人喰い」を自分たちの文化に属さない者を非人間化するための「神話」という観点からしか見ないからです。

確かに共食いを認めますと、社会が存立できなくなるので人喰いは、どの文化圏でも原理的にタブーです。でも、深刻な飢餓や特別の重要な、または神聖なる目的のためであれば、例外的に文化として秩序立ってカニバリズム（人肉を食べたり、人血を飲食する慣習）が実行されてきた可能性は否定できません。「人喰い」と言えば、アレンズは、忌まわしい悪魔的な行為でしかないという固定観念で捉えているので、その存在を指摘することは、相手に対する最大の蔑視、冒《ぼう》瀆《とく》だと思い込んでいるのです。

でも葬儀に当たって霊能を継承したり、対象との同一化をはかるためのカニバリズムは、すこしも忌まわしい行為ではないのです。また現代人は治療のためとあれば、直接他人の血を自分の血管内に注入しています。この輸血も吸血の一種と言えるかもしれません。それにたとえ慣習的に文化として行われてきたことでも、秘儀であればよそ者には見せないのが掟ですから、人類学者の目撃証言がないのは当然なのです。

アレンズが何故「人喰いは神話」だと言い張るのかを、精神分析で診断しますと、実は自我防衛機制の「投射《とうしゃ》」に当たるのです。「投射」とは同一視の一種で、自己の欠点を認めたくないので、それをあたかも他人の欠点であるかに無意識に言い張ってしまうことによって、その欠点を指摘している自分には属さないと無意識に思い込もうとすることです。だからアレンズは「馬鹿と言う者が馬鹿」と思われるから、他人を馬鹿というなと言いたいのです。つまり他人を確固たる証拠もないのに、「人喰い」だと決めつけると、自分たちも「人喰い」だと決めつけられるぞ、だから人喰いと決めつけるのはよしにしようという姿勢です。つまりアレンズは、自分たちキリスト教徒も異教徒からみれば、人喰いだと断定されておかしくないようなことをしていることを自覚しているのです。

キリスト教では教会の中心儀式は、聖体拝受です。つまりイエスの肉を食べ、血を飲む儀式です。それは実際はパンを食べ、赤ワインを飲んでいるのですが、正式の教義では、パンはキリストの体である教会の中では、神父の呪《まじな》いで本物のイエスの肉になり、赤ワインは本物のイエスの血になるということなのです。これを象徴的に解するのは間違っていて、奇跡と受け止めるべきだというのです。ということは教会の正式の教義では、キリスト教徒はカニバリズムを行っていることになります。それで異教徒がイエスの聖餐《せいさん》についてのカトリックの正式の教義を知ったら、キリスト教徒に人喰いの嫌疑をかけるのも当然だとアレンズは心配しているのです。

アレンズの「人喰い」と言い合うのは止めようという呼びかけは、学者としては実に中途半端な臆病者の態度です。パンや赤ワインでの聖餐は、人身御供や動物の生贄に伴う聖餐の名残りだと考えられます。その起源を辿《たど》れば当然カニバリズムに行き着かざるを得ないのです。アレンズは、科学的なポーズの下にエポケー（判断停止）に誘い込んでいるのです。特にイエスの聖餐の起源は、それについて考えれば考えるだけ、イエスの弟子たちがイエスの肉を食べ、血を飲んだという歴史的原行為、秘儀の存在への想像を抑えられなくなるはずです。それがイエスを冒瀆する大変忌まわしい行為のように思えて、それでアレンズは議論がそこまで行き着くことを恐れるあまり、カニバリズム全体の議論をエポケーさせようとしているのじゃないでしょうか。

でもアレンズの態度こそ、キリスト教への冒瀆なのです。なぜなら人肉を嗜好《しこう》で食べたくて、猟奇的《りょうきてき》殺人を繰り返す最も忌まわしい行為と、聖霊の引き継ぎという最も神聖な行為を混同して、十把一からげに論じているのですから。パンをイエスの肉だと思って食べるのが少しも忌まわしい行為でないのなら、直接イエスの肉を食べる行為が忌まわしいはずがありません。だってイエス自身が、人の子の肉こそまことの食材だと語っているのですから。

イエスは食べられて復活した!?

「イエスは食べられて復活した」という仮説に到達したとき(5)、我ながらこれは仰天《ぎょうてん》仮説だと思いました。だってユダヤ教やキリスト教では人の肉を食べたり、血を飲んだりすることは、カニバリズムと呼ばれ、最も忌まわしいタブーとして厳禁されているからです。その教祖のイエスが自分の肉を食べさせ、血を飲ませて、そのことによって弟子たちに自分の中に宿っていた聖霊を引き継がせようとしたというのです。まずそんなことは絶対にするはずがないという固定観念があります。

例えば人の死肉を食べると「人喰い」と人非人《にんぴにん》のごとく呼ばれ、血を飲むと「吸血鬼」と呼ばれますから、全く人間の限界を越えた行為として排斥されているわけです。それを自分の弟子に強要したというのですから、ちょっとふざけた暴論じゃないかという人もいます。でも本書をじっくり読んでいただければ、決してキリスト教を冒瀆するような議論ではなく、イエスの「命のパン」の思想を現代に生かすべきことを提唱する、埋もれたイエスの「復活」を目指したものだと分かっていただけると思います。

たしかにカニバリズムは、厳禁しておきませんと安心して眠れません。フロイトの精神分析によりますとカニバリズムの衝動は殺人衝動と共に、抑圧されて潜在意識の中に潜んでいる人間の根源的衝動なのですから、そんなことをする輩《やから》は鬼か悪魔だぐらいに言っておく必要が有るのかもしれません。でもフランスの裁判所は、女の肉は羊より旨《うま》いと書いてあった中野美代子の

『カニバリズム論』を読んで、オランダ娘を本当に食べてしまった佐川一政を精神病扱いして無罪にしてしまいましたが、タブー破りを精神病で無罪だというのはとんでもない間違いです。[6]

しかしかつては、カニバリズムを社会の秩序の中にきちんと組み込んでいた時代があったのです。つまりカニバリズムはれっきとした文化だったのです。ジャック・アタリが『カニバリズムの秩序』(みすず書房)という本で詳しく紹介しています。アフリカで「人喰い人種」などと差別的に呼ばれていた人々は、戦争で捕らえた敵の勇士を食べて、その勇敢さを引き継ぐという聖なる儀式をする人々でした。未開社会では戦争捕虜として敵の部族の子供を育てまして、飢饉《ききん》の時に食べたり、自分の部族内でも飢饉の時には自分の子供を食べたりしたのです。あるいは宗教儀式として選ばれた子が神格化され、神との合一という名目で皆に食べられます。競技で優勝した戦士が神として食べられるということもありました。また神に人身御供として選ばれた人が捧げられます。その際にお下がりで皆で食べることもありました。本書のテーマと関連しますが、食べることによって死者を再生させるという信仰があったのです。子供が親に食べられますと、親の体に帰ったことになりますから、また生まれてきます。アイヌのイオマンテでは食べられた熊は、あの世に生まれます。また食べられた戦士たちの勇敢な魂は食べた戦士の魂の中に再生して生きつづけます。

また中国ではグルメ料理の極致として人肉料理が珍重されることが文明時代でも続いていたと言われます。そういう料理の本が残っているのです。これはあまり知られていませんが、マルコ・ポーロの『東方見聞録』では、日本を黄金の島ジパングとして紹介していますが、そこではジパングの人々は人肉を好んで食べていたとされています。誘拐してきた人の家族に身代金を要求し、それが聞き入れられないと、一族で料理して食べてしまうというのです。もちろん日本は弥生時代以降は飢饉の時以外は、人肉を食べたりはしていません。これは元の国で一部で残っていた風習を、日本の事のようにマルコに話したのでしょう。

ではどうしてイエスが弟子たちに自分の肉と血を食べさせたことが推測できるのかという本論に戻りましょう。それは何よりもキリスト教徒たち自身が、今日でもイエスの肉を食べ、血を飲んでいると称しているからです。それはキリスト教会の礼拝の中の中心的な儀式として日曜日ごとに行われています。いわゆる「主の聖餐」つまり主イエス・キリストを食べる聖なる食事と呼ばれているものです。なあんだ、ミサのことか、あれはパンをイエスの肉と呼び、赤ワインをイエスの血と呼んで、イエスとの合一を象徴する儀式じゃないか、そんなことは知ってるよ、と言われる方は多いと思います。

しかし現在でもカトリック教会が固執している元来の教義では、単なる象徴的な儀式ではなく、本当にイエスの肉を食べ、血を飲む儀式なんです。(7) 神父が祝福することでパンはパンの姿や味のままイエスの肉になり、赤ワインは赤ワインの姿や味のままでイエスの血となるとされているのです。ですからこれは凄い秘儀であり、奇跡です。そんなことが教会ではしょっちゅう起こっているのです。ええ？　宗教だから別にいいじゃないか、どんな風に考えたって、と気にも止めない人が多いですね。

もちろん信仰の自由ですが、それにしてもかなり無理のある教義ですね、どうしてパンをイエスの肉、赤ワインをイエスの血としなければならないのでしょう。もちろんイエスと合一したいという愛の極致を表現しているのです。愛の肉体的表現としては合一したいという感情がわき起こります。これは抱擁、スキンシップ、接吻、性交と深まって、究極が愛する相手を食べてしまいたいというカニバリズムに行き着くのです。宗教と性愛は、肉体的表現では融合するところがあるのです。キリスト教では賢明にも、イエスの体をパンや赤ワインに置き換えて、性愛との融合を回避しているわけです。

それにしてもパンや赤ワインにイエスを置き換えるのは、キリスト教の根本的な教義と矛盾します。子なる神イエス・キリストは、パンとか赤ワインという事物の姿で現れてもいいのでしょうか。イエスは天上に昇ったっきり、未だに再臨されていませんから、イエスの肉体を食べるわけにはいきませんし、パンや赤ワインなら安上がりでいいじゃないかということもありますね。でも安上がりや便利ということで何でも許されるなら、教義は成り立ちませんから、自己の宗教の正当性を主張できなくなります。これでは宗教としては幼稚なものになってしまいます。たしかにパンがイエスの肉、赤ワインがイエスの血というのは幼稚な迷信とも見なせます。でもこれはキリスト教会の中心的儀式なのですから、それがいい加減というのも困りものです。

イエスがパンや赤ワインになって食べられるのは大変ありがたくて、結構じゃないかという意見もあるようですが、ユダヤ教やキリスト教やイスラム教などの唯一神論では、神を有限で相対的な物とみなすことを厳禁しています。木や土や金属で出来た偶像と見なしたり、石や大木や山や蛇や鹿や龍などの自然物や動植物と見なすことは神を限定し、貶《おとし》めることとして、神への最大の冒瀆と見なしているわけです。そういう偶像崇拝やフェティシズム（物神崇拝）をしているという理由で沢山の部族が神の義のためにという名目で絶滅させられているのです。それなのに自分はパンをイエスの肉、赤ワインをイエスの血だというのは、とても許されることではないはずです。

露骨なフェティシズムを二千年間続けてきた理由を精神分析しますと、イエスの本物の肉を食べ、血を飲んだという元の行為、つまり原行為《げんこうい》があったとまず仮定できます。それはカニバリズムタブーに抵触する問題行為だったのです。それでもカニバリズムタブーに抵触していても、神聖な正当な行為であったことを無意識に主張するために、その同じ行為を無意識に繰り返しているのです。この「反復」も自我防衛機制の一種だと考えられます。(8) イエスの肉や血は現に有りませんん。そこで例えフェティシズムに当たっていても、パンや赤ワインに置き換えてでも、イエスの聖餐を繰り返しているわけです。潜在意識の働きですので、たとえ根本教義に抵触しようとも簡単には止められないのです。

ではどうしてイエスに対するカニバリズム行為が行われたのでしょうか。もちろんこれはイエス自身が弟子たちにそうするように命令したからです。なぜならイエスの体内に宿っていたと思われていた聖霊を、イエスの死にあたって弟子たちの中に移転させる必要があったからです。聖霊や悪霊というのは一種のつきものと考えられていました。体の中に入ったり、体から出ていったりするのです。ですから聖霊の力で悪霊を退散する奇跡のパフォーマンスが、イエス教団の専売特許みたいに行われて、一時は凄いイエスブームが起こったわけです。

でもいくらイエスが聖霊の力を示し、素晴らしい説教をしても、それだけでは限界がありました。人々はファリサイ派などの弾圧を恐れます。また霊力の衰えもあったのかもしれません。イエスブームは急速に退潮します。そこで教団運営の危機とイエスへの暗殺の危機もあり、起死回生《きしかいせい》を狙って聖都エルサレムに上って、直接神殿で民衆に働きかけ、神殿権力に挑戦します。その時には失敗して、十字架刑にかけられるのは覚悟の上だったのです。たとえ処刑されても、聖霊は弟子たちにイエスの肉や血を飲食させることで引き継げると確信していたのです。

聖霊がカニバリズムで引き継げるとイエスが思い込んでいたことは、「ヨハネによる福音書」に「人の子の肉を食べ、血を飲まなければ、永遠の命を得られない」という趣旨のことが書かれているところから分かります。これはイエスの言葉を信仰によって血肉化すれば永遠の命を得られるということの比喩として書かれていましたが、それはイエスが死に直面していないからです。イエスの死に当たっては、聖霊はつきものですから、カニバリズムによって弟子の中に引き継がれて、復活する必要があるのです。

でもイエスの遺体は墓に入っていて、復活されたとされる三日目は墓からでたところですから、食べられて弟子の中に復活する余裕はなかったと思われています。ところがイエスの遺体は顔を含む全身が布に巻かれて埋葬されていました。墓に入れる前にすり替えられた可能性があるのです。この仮説通り食べられたとしますと、イエスの復活は弟子の体の中にイエスの聖霊が宿る形をとるはずです。ところが福音書では肉体的なイエスの復活になっていますので、全く見当違いではないかと反論されるでしょう。

そこはイエスの予想も越えていたのですが、イエスを食べた弟子たちは神の子を食べたことから生じる全能幻想から、イエスと何かが少しでも共通していると、その人がイエスに見えるという倒錯《とうさく》を起こしたと推理できます。全くの別人をイエスに見間違えたのです。それにイエスを食べた弟子たちは、自分たちの体内で聖霊が蘇ったという意識になります。するとイエスの人格に圧倒されることになって、一時的にイエスが憑依《ひょうい》し、人格を乗っ取るわけです。自分がイエスに成りきって行動してしまうわけですね。これは後で我に返っても思い出せません。いわゆる二重人格症状が引き起こされたのです。(9)

それを見ている他のイエスを食べた弟子はやはり全能幻想から、正真正銘のイエスの復活と思い込みます。こういうメカニズムでイエスが肉体的にも復活したという体験が生じたのです。この体験が核になって、殉教もおそれない初期キリスト教団が形成されたというわけなのです。

これはあくまで精神分析的方法での解釈に過ぎません。イエスを食べたという物的な証拠は何もありません。しかしこの方法で一応のキリスト教の成立と聖餐の謎が説明できるわけです。もしこの解釈が誤りなら、それこそ神がイエスを本当に復活させたのかもしれません。

それにしても初期キリスト教の入会式などでのカニバリズムの秘儀を紹介したり、パンとワインの聖餐に宗教的カニバリズムの匂いを嗅ぎつける論者たちも、イエスの肉を食べ血を飲んだという弟子たちのカニバリズムには、われわれが指摘するまでは、だれも言及していません。わたしはおそらくフロイトやウォーカー、ジャック・アタリなどは勘づいていたと思っています。でもキリスト教社会の中では、未だに「それをいっちゃあおしまい」みたいな雰囲気があるのではないでしょうか。

本書は『イエスは食べられて復活した』とする「聖餐による復活」仮説を展開しますが、あくまで「バイブルの精神分析―新約篇」として福音書の叙述に沿って、そこに含まれている様々な思想的背景をたどりながらじっくり解明していきます。くれぐれも好奇心からイエスが食べられたのが事実かどうかにだけとらわれないように願います。キリスト教というものを全面的に理解することを通して、世界史上の最大の謎に迫り、イエスの思想の現代的意義を汲み取るようにしてください。

第一章　ユダヤ教とキリスト教とは何か

イエスは神か神の子か？

本書を読まれる方の中にはキリスト教に関して詳しい知識をお持ちの方もおられるでしょうが、「クリスマスがイエス・キリストの誕生日」ぐらいの知識しかない人もおられるでしょう。それでユダヤ教やキリスト教に関する基礎知識をごく簡単に説明しておきます。

ところで、その「クリスマスがイエス・キリストの誕生日」という知識も正確じゃないのです。クリスマスは太陽神信仰に起源があります。冬至に太陽の陽射《ひざ》しが最も弱くなり、その日から強くなっていきますね。それで、太陽のお誕生日ということにしてお祭りしていたのが、キリスト教の時代になって太陽神信仰が否定されて、「世の光」であるイエス・キリストの誕生日だということになったそうなのです。イエスの本当の誕生日は分かっていません。

イエス・キリストという名前についても、イエスが名前でキリストが名字だと思っていませんか？　イエスはギリシア語的になまった呼び方でして、古代ヘブライ語では「世の救い」という意味を持ったイェホシュアです。旧約聖書の邦訳では「ヨシュア」にあたります。「マタイによ

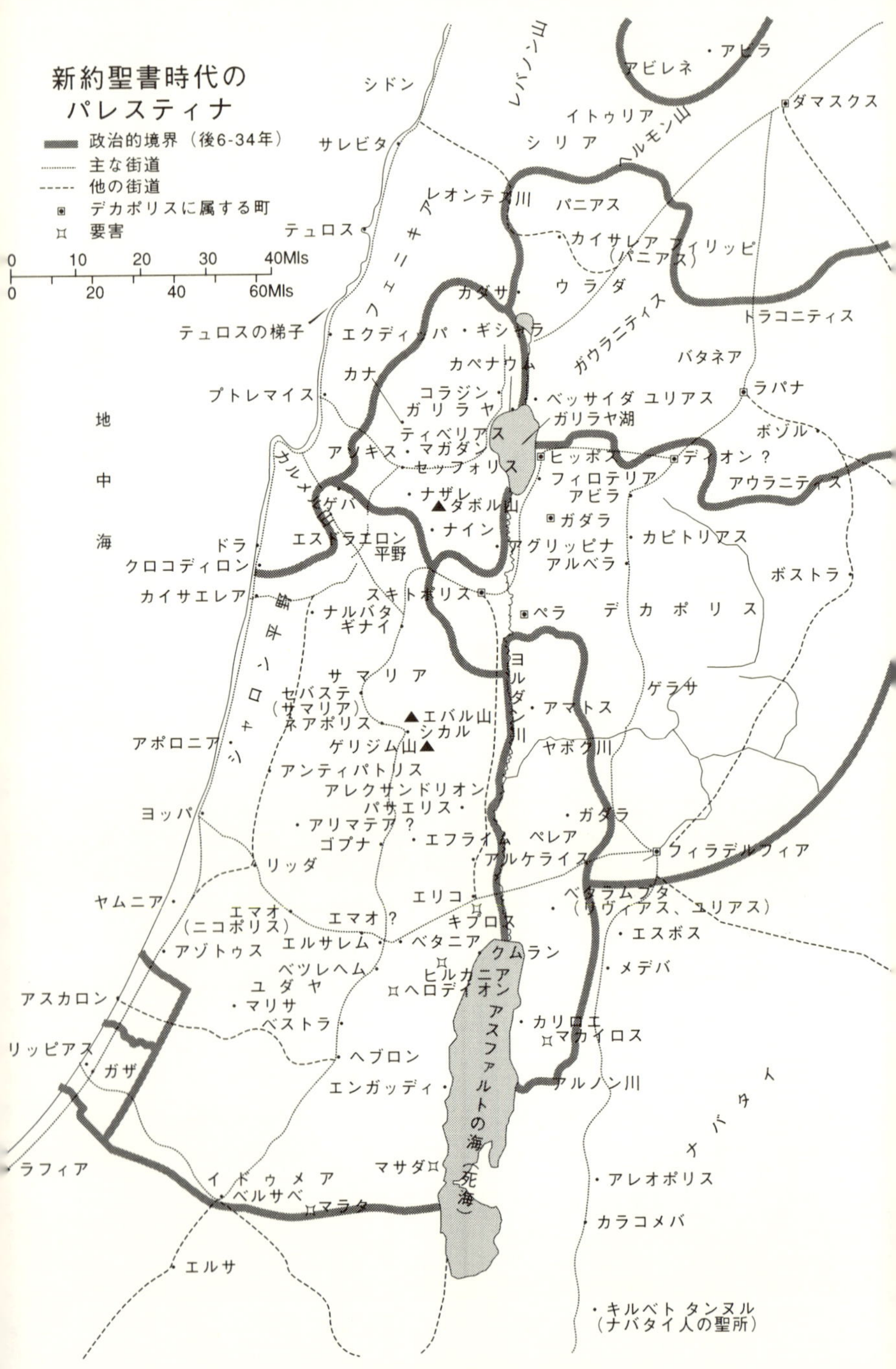

新約聖書時代の
パレスティナ
政治的境界（後6-34年）
主な街道
他の街道
デカポリスに属する町
要害
0 10 20 30 40Mls
0 20 40 60Mls
シドン
レバノン山
アビレネ
・アビラ
ダマスクス
イトゥリア
ヘルモン山
シリア
サレピタ
レオンテス川
パニアス
テュロス
フェニキア
カイサレア フィリッピ
（パニアス）
ウラダ
カダサ
トラコニティス
ガウラニティス
テュロスの梯子
エクディッパ
ギシャラ
バタネア
カペナウム
カナ
コラジン
プトレマイス
ガリラヤ
ベッサイダ ユリアス
ラパナ
ガリラヤ湖
ティベリアス
ボソル
地中海
アソキス
マガダン
ヒッポス
ディオン？
セッフォリス
カルメル山
フィロテリア
アウラニティス
ナザレ
アビラ
ゲバ
タボル山
ガダラ
ナイン
ドラ
エスドラエロン平野
アグリッピナ
カピトリアス
クロコディロン
アルベラ
ボストラ
カイサエレア
スキトポリス
ペラ
ナルバタ
ギナイ
デカポリス
サマリア
ヨルダン川
ゲラサ
セバステ
（サマリア）
シャロン平野
アマトス
ネアポリス
エバル山
シカル
アポロニア
ゲリジム山
ヤボク川
アンティパトリス
アレクサンドリオン
パサエリス
ヨッパ
ガダラ
アリマテア？
ペレア
ゴプナ
エフライム
フィラデルフィア
アルケライス
リッダ
エリコ
ベタラムプタ
（リヴィアス、ユリアス）
ヤムニア
エマオ
（ニコポリス）
エマオ？
キプロス
エスボス
エルサレム
ベタニア
アゾトゥス
クムラン
メデバ
ベツレヘム
ヒルカニア
ユダヤ
ヘロディオン
アスファルトの海（死海）
アスカロン
マリサ
ベストラ
カリロエ
マカイロス
リッピアス
ヘブロン
ガザ
アルノン川
エンガッディ
ナバタイ人
ラフィア
マサダ
イドゥメア
アレオポリス
ベルサベ
マラタ
カラコメバ
エルサ
キルベト タンヌル
（ナバタイ人の聖所）

る福音書」（以降「マタイ伝」と記す）によりますと「その子をイエスと名付けなさい。この子は自分の民を罪から救うからである」とあります。これはしかしごく普通の名前でして、特別の名前ではありません。

ちなみにキリストは名前ではありません。普通名詞なのです。キリストはギリシア語でして、古代ヘブライ語ではメシアと呼びます。メシアの意味が「救世主」なのです。そして元々は「油注がれた者」という意味で、神の養子になり、ユダヤの王としてユダヤの民を救う者を意味しています。

ですからキリストは元々は「人の子」でして「神の子」ではありません。と言いますのは、神は唯一絶対の神でしたから、神の子は養子ならいいのですが、実子がいては不都合なのです。神の実子となりますと、神の因子を受け継ぎますから、神が複数になってしまいます。ですからメシアは「神の子」ではない、「人の子」だと言われていましたので、いつしかメシアの事を「人の子」と呼ぶようになっていました。

それではイエスも「人の子」なのでしょうか、それともイエスはメシアの中でも特別の「神の子」でもあるのでしょうか？　新約聖書では「マタイ伝」や「ルカによる福音書」（以降「ルカ伝」と記す）によりますと、イエスは乙女マリアから神の聖霊（神の精子）をもらって生まれた子ですから、「神のひとり子」であるとされています。つまりイエスはマリアの子であるという意味では「人の子」ですが、同時に正真正銘の神の実子だとされています。ですからイエスは神が人間の姿をとって現れた神であるという現人神《あらひとがみ》なのです。

キリスト教の正式の教義では、父なる神と子なる神は全く別の神格を持っていますが、同じ神なのです。何故なら神が自ら聖霊となって、乙女マリアに宿り、イエスとして人間の姿で現れたからです。そこで四世紀になってニケア宗教会議で、「父なる神と子なる神と聖霊なる神の三位一体」という形で、キリスト教の根本教義になったのです。この三つの別の神格を持った神は、実は実体において同一の神であるという捉え方です。何故そうなのかは、人間には説明しきれないとされています。そこでユダヤ教やイスラム教からは、キリスト教は唯一神信仰を裏切っていると非難されているのです。

『旧約聖書』と『新約聖書』

聖書のことを英語でバイブルと言いますが、これは「諸書」という意味です。元々はユダヤ教の聖典集なのです。ですから旧来のバイブルにはキリスト教関係の聖典は含まれません。キリスト教徒たちが勝手に、旧来のバイブルを神との古い沢山の契約を記録したものとして『旧約聖書』としました。これに対して、初期キリスト教団がイエス・キリストとその使徒たちについての聖典集を編集し、『新約聖書』としたのです。何故「新約」かと言いますと、「イエスをキリストと認めることによって、義《ただ》しい人と認められる」という新しい神との契約について書かれているからなのです。

ところでユダヤ教からはイエスは偽《にせ》メシアですから、『新約聖書』は全く信仰の対象になりません。ユダヤ教の神は唯一神ヤハウェだけなのです。もちろんこの神がキリスト教の「父なる神」

でもあります。ついでに言いますと、この唯一神ヤハウェは、イスラム教では名前を変えて唯一神アッラーとして登場します。イスラム教は、ムハンマド（マホメット）がユダヤ教の影響を受けて造った宗教ですから、元々『旧約聖書』を聖典として認めていました。『新約聖書』も部分的には認めています。ですからイスラム教は、ユダヤ教徒やキリスト教徒を「啓典の民」として尊重しています。

でもムハンマドに言わせますと、ユダヤ教徒はせっかく神に選ばれた民だったのに、神との契約を裏切り、トーラー（律法）を蹂躙《じゅうりん》し続けてきました。それで神にみかぎられたのです。またキリスト教徒はイエスを神の子とすることで、唯一神信仰を捨ててしまいました。ですから神からも見離されたのです。そこで神は今度は、アッラーという別の名前でアラビヤ人のもとに現れたのです。でも神は見えざる神ですから、直接人に姿を見せることはありません。天使を通してムハンマドに新しい預言《よげん》を授け、『クルアーン（コーラン）』にまとめさせたのです。その内容を守るか、守らないかで、終末の時にみんな蘇って、神の審判を受ける際、楽園に入るか、煮えたぎるゲヘナ（地獄谷）の血の池で未来永劫苦しむかが決まるのです。

超越神か自然神か

唯一絶対の神は、何かによって造られた者ではあり得ません。造られた者は造る者に頼っていますから、不完全で絶対とは言えないからです。ですからそれは全ての者に先立って存在していなければなりません。また何かによって壊されたりしませんから、「始めにあり、今あり、世々限りなくある」存在なのです。それは全てのものの原因であり、全てのものを造りだした創造主なのです。そのためには全ての自然存在から離れて、全ての自然存在を越えて存在していなければなりません。つまり唯一絶対の神は、超越神であるということなのです。

宗教の違いにより、神の存在の仕方にはいろんな種類があります。まず最古の神は、驚きの対象が崇拝されましたから、自然物や自然現象がそのまま神として崇拝されました。太陽、嵐、雷、大地、河、火山、石、大木、大蛇、白鹿などです。また人工の道具も良くできたものは崇拝されます。剣、玉、鏡と言えば「三種の神器」ですね。このような自然物や加工物への信仰はフェティシズム（物神信仰）と言います。フェティシズムはアフリカがモデルに研究されてきましたが、実は、日本がフェティシズムの宝庫なのです。ド・ブロスはフェティシズムの特徴として、人間が物を神に選び、その神に願いをかけて、それが叶えられれば、生贄を捧げるなどしてお祭りし、叶えられなければ、その神に攻撃を加えて破壊したりする、「崇拝と攻撃の交互運動」を挙げています。(1)

自然神信仰も高度になりますと自然の摂理が信仰の対象になります。豊穣を司る神、災難をもたらす神、幸運の神、調和の神、美や愛の神なども自然の摂理の神格化です。ギリシアの神々は、そうした自然の摂理の神格化が多いのです。ギリシアでは個々の事物は生成消滅するはかない存在ですので、神の概念に相応《ふさわ》しくないとされます。それに対して事物のイデア（観念）は不滅ですから、神の概念に相応しいのです。個々の薔薇の花は神ではありませんが、薔薇のイデアの現実化として個々の薔薇は咲くのです。ですから薔薇のイデアは薔薇の神だということになります。

これも自然に内在していますから、超越神ではなく、自然神の一種なのです。

超越神は、自然物も自然の摂理も造りだします。何者にも生み出されず、全てを造りだすものを神と定義しますと、自然物や自然の摂理を神とするのは間違っていることになります。間違っているだけでなく、神をそのような有限で相対的な存在に貶めていることになります。ですから超越神信仰の立場にたちますと、自然神信仰は神を冒瀆しているとして、攻撃の対象になるのです。逆に心理分析すれば、自然神信仰をしている異民族を侵略することを正当化するために超越神論を作って、自然神信仰が神を冒瀆しているとしたのです。

つまり超越神ヤハウェは、自分以外を神として崇拝することを嫌う「妬みの神」なのです。それで自然神信仰を厳禁しています。雷神バアル、大地母神アシュタロテ、河の神ニールなどが槍《やり》玉《だま》に上がっています。その他の自然物や動植物、人工物を神にしたり、自然現象や自然の摂理を神にするのもいけません。神は何かに限定されたり、何かで表現されたりできないものだというのです。だから土や金属や木などで偶像化されるなどもとんでもない冒瀆だということになります。「出エジプト記」では、金で造った牛の像を神にした事に対してヤハウェの怒りは極点に達します。

でも超越神ヤハウェが全く自然から超越して、自然と断絶しているのなら、自然に係わって様々なものを生み出したり、支配したりするのもおかしいことになります。神は自然物を生み出したり、自然の摂理として働いたりするからこそ、その存在を示すことができるのです。個々の自然物や自然の摂理を越えた存在であると共に、個々の自然物に自己を実現し、自然現象に自己を表現してこそ神なのですから、個々の自然物や自然の摂理に内在した存在でもあると言えるはずです。ユダヤ教ではその神の内在面、自然や人間との合一面を建前では否定しているようにも思えます。

しかし宗教である以上、人間の魂の救済のために神は存在しているはずです。たんに超越的な神イメージだけでは、人間には関わりがなくなり、人間を救済することもなくなりますから、人間たちから信仰されなくなって寂《さび》れてしまいます。ですから本音では神は、人間や自然と何らかの意味で合一しているのです。たとえばエデンの園は、地上における神の国のイメージだと思われますが、もしそうだとすると中央の二つの木は神の本体を象徴していることになります。一つの木は「命の木」であり、もう一つは「善悪を知る知恵の木」です。これは神が「大いなる命」とその論理であることを暗に示しています。神が「大いなる命」であり、個々の我々の命は「大いなる命」から発し、「大いなる命」に帰るとしたら、この生命観は自然神信仰や仏教的な生命観とも十分対話可能な気がします。

超越神が自然や人間に宿るという形で神との合一を説明するために、『旧約聖書』にはあまり表面化しませんが、ユダヤ教では霊信仰が次第に強くなっていきます。聖霊や悪霊が宿っているという形で、神と自然との断絶が解かれるのです。その最も極端な形が、もうユダヤ教を超えていますが、「子なる神イエス・キリスト」です。本来超越神論からは、人は神ではあり得ないのに、聖霊が宿る奇跡によって、神のひとり子として悲劇的に登場するのです。

何故悲劇的かと言いますと、神でない人が神となるということは、神のアイドル（偶像＝まがいもの）として人々から排斥される運命を背負うということです。ですからイエスは十字架につけられ、人間としては死ななければなりません。その上で神に認知され、神の子として復活させられることになるわけです。そしてこの神の子の死という犠牲によって、人々の罪が許され、復活によって示されたイエスの「永遠の命」につながることができるというわけです。

イスラエルの由来

バイブルの記すところによりますと、唯一絶対の超越神であり、天地万物の創造主である全知全能の神ヤハウェは、イスラエル十二部族の民族神でもあります。イスラエルという名前の由来はこうです。セム族の共通の祖先がアブラハムです。彼の跡取り息子がイサクという名前です。アブラハムは百歳にしてやっと最愛の妻サラに、跡取り息子のイサクを授かりました。ところがその大切なイサクの肉を屠って、黒こげに焼いて神に捧げるように天使から告げられ、躊躇《ちゅうちょ》せずにそれに従おうとしたのです。これは実は神の実施したテストだったのです。神の試みに合格したということで、いずれ子孫に全地の支配権を与えると約束されていたのです。

イサクの子ヤコブは、神と夜中にレスリングをして勝ったので、神から「神の兵士」を意味するイスラエルという名前を与えられたのです。そしてヤコブには十二人の男の子がいまして、彼らがイスラエル十二部族を造ったのです。イスラエルは国家的な宗教共同体の呼び名でして、民族的にはヘブル人とかヘブライ人とかと呼ばれます。この十二部族はヤコブの息子の一人で「夢判断」の得意なヨセフがエジプトで、そのオカルト的な能力で国家の実権を握ったので、エジプトに呼び寄せられて、四百年の間にエジプトでイスラエルの人口が急増したのです。

ところがエジプトのファラオ（王）はヘブル人の人口が増えて、エジプトで強い勢力になるのを恐れ、彼らを奴隷のようにして、ピラミッドの建設等に酷使しました。そこで神ヤハウェは、元々契約していた通りに、エジプトの苦しみから彼らを導き出し、乳と緑したたるカナン（パレスチナの古名）の約束の土地に連れていくことを実行します。その時の指導者に選ばれたのが八十歳になっていたモーセです。

ファラオが貴重な労働力になっていたヘブル人を解放するのを嫌がったので、モーセは神の力を示し、エジプトに様々な災難を与えて、ファラオにヘブル人の解放を承諾させます。その決定打になったのが「過ぎ越し」です。ヘブル人の家の壁にはユダヤマークを羊の血で書いておきますと、神はそこをやり過ごし、エジプト人の家の長子を皆殺しにしたのです。これを記念にしていまだにユダヤ教では「過越祭」が最大の行事として行われています。

出エジプトのヘブル人は百万人を越えていたとありますが、紀元前一二九〇年当時のエジプトの総人口が百万人もいなかったようですから、実態はその百分の一ほどかもしれません。ほんの数家族の規模でなかったかという歴史学者もいるほどです。物語に過ぎないにしろ、そうした伝説をユダヤ人は大切な民族の記憶として共有しているのです。[2]

契約する神・審判する神

バイブルではエジプトを出て、シナイ山で「十戒」を神から授かります。これがトーラー（律法）の中心ですので引用しておきましょう。「出エジプト記」二十章からです。

「わたしは主、あなたの神、あなたをエジプトの国、奴隷の家から導き出した神である。
一、あなたには、わたしをおいてほかに神があってはならない。
二、あなたはいかなる像も造ってはならない。上は天にあり、下は地にあり、また地の下の水の中にある、いかなるものの形も造ってはならない。あなたはそれらにむかってひれ伏したり、それらに仕えたりしてはならない。（中略）
三、あなたの神、主の名をみだりに唱えてはならない。みだりにその名を唱える者を主は罰せずにはおかれない。
四、安息日を心に留め、これを聖別せよ。あなたの神、主が命じられたとおりに。六日の間働いて、何であれ、あなたの仕事をし、七日目は、あなたの神、主の安息日であるからいかなる仕事もしてはならない。（中略）
五、あなたの父母を敬え、あなたの神、主が命じられたとおりに。そうすればあなたは、あなたの神、主が与えられる土地に長く生き、幸いを得る。
六、殺してはいけない。
七、姦淫してはならない。
八、盗んではいけない。
九、隣人に関して偽証してはならない。

十、あなたの隣人の家を欲してはならない。隣人の妻、男女の奴隷、牛、ロバなど、隣人のものを一切欲しがってはならない。」

これらの神が与えたトーラー（律法）は、それをすべて忠実に守れば、イスラエルの栄光がもたらされます。つまりアブラハムやヤコブに約束されたように、全地の支配ができるわけです。しかしどれか一つでも違反したら、当初は大変重い罰が下りました。ヤハウェという神の名をうっかり口に出すだけで、死刑だったのです。偶像を造ったり、崇拝したり、安息日に働いたりしても死刑です。処刑の仕方は石打ちの刑です。つまり小袋に石を入れ、その袋についている紐をグルグル回して勢いがついたところで石を投げるのです。

イスラエルの個人が違反した場合には、その個人がバイブルに定められている通り、厳罰に遇《あ》うだけではありません。あまりにトーラーを蔑《ないがし》ろにするような人々が多くなりますと、イスラエル全体が神との契約を守らなかったとして、審判を下されるのです。イスラエルがトーラーに忠実である間は、神は栄光を与えられました。古代ヘブライ王国はダビデ王やソロモン王の時代最盛期を迎えたのです。しかし神は彼らがトーラーを蔑ろにするようになると、異民族を強くされ、ユダヤ民族を討たせました。新バビロニアのネブカドネザル王は、本人は気づいていませんが、神の意志に導かれてユダヤ人を討ち、シオンの丘のユダヤ神殿を破壊して、紀元前五七八年ユダヤ人の多数を捕囚として、バビロンに連行し、数十年間強制労働させたいうことです。その結果、ユダヤ人たちは深く反省して、トーラーをしっかり遵守《じゅんしゅ》するようになったとされています。

紀元前五三八年バビロンからの帰還が開始され、パレスチナに帰ったユダヤ人たちは紀元前五二〇年から神殿の再建に取りかかります。そしてユダヤ人の中で伝えられてきた伝承をまとめ、聖典を整備します。天地創造説話などもこの時期に造られたのではないかとされています。最近聖書考古学の研究でバイブルの記述と、考古学的資料が合致しないことが多い事が指摘されています。

エジプトからのエクソダス（大脱出）はとても大脱出と言えるものではなく、カナン（パレスチナの古名）侵攻の際は大規模な破壊やホロコーストが行われたはずなのに、ほとんど戦闘の形跡がなかったり、古代ヘブライ王国は大帝国だったはずが、小さな地域国家だったというような指摘が行われています。聖書考古学の研究成果自体も固定的に捉える必要はありません。これからも評価は二転三転するかもしれません。それはともかくとして、バイブルはバビロンからの帰還後に、彼らの信仰の根幹になっている、イスラエルと契約し、イスラエルに審判を下す神の理念を歴史物語の大スペクタクルの中に形象化《けいしょうか》したのです。その際に伝承や古文書をかなり大幅に変形したということはあったかもしれません。歴史的事実よりも宗教的真実を核として歴史を見直すことで、歴史は歴史的事実を超えて壮絶なリアリティをもって、民族の記憶に焼き付けられていったのです。

メシア信仰

神殿を再建したものの、ペルシア人、ギリシア人、ローマ人と支配民族は変わっていっても、いつまでたっても異民族の支配は続きます。なかなかイスラエルの栄光を取り戻すことはできません。トーラーを遵守すれば、神がいつかはイスラエルに力を与えてくれるはずなのに、いったいいつまで待てばいいのだとあせります。

そこで次のようなメシア信仰が生じました。メシアと思われる人物が登場して、神の国の到来を告げ、懺悔《ざんげ》して回心するように告げますが、民衆は本物のメシアか偽《にせ》のメシアかの区別がつきません。そこでメシアはメシアのしるしを示します。つまり奇跡を示すのです。でもメシアは人の子であり、神の子ではないのですから、神の偶像つまりまがいものとされ、民衆から断罪されて殺されます。しかし神は彼を義と認めて、死者の中から復活させるのです。そして雲に乗って帰ってきて、メシアの時（出番）になり、神に成り代わって審判を行うのです。

神を待ちきれなくなって、ユダヤ人たちはこんなに自分たちに見捨てたままにする神に対して、潜在的に神を恨み、神の死を願うようになったと、現代の精神分析家であるライクやフロムは精神分析しています。神が生きている限り神の救いを待ち続けなければならないからです。そこで神に代わってだれか人間が神に成り、審判を行って、イスラエルの栄光を取り戻して欲しいと思うようになったというのです。

フロムの『革命的人間』（東京創元社刊）の精神分析によりますと、人の子が神の養子になり、神に成り代わって地上を支配しますと、神は用なしということになりますから、実質的に神を殺したことになるのです。(3) ですからこれは精神分析的には親殺しの一種です。そこで人の子は親殺し、神殺しの罪によって裁かれ、磔刑《たくけい》にされなければなりません。こうして人の子は処刑されることによって、人間の神を蔑ろにした神への罪を一身に背負って、贖《あがな》うのです。贖うとは、犠牲を払って罪を無かったことにすることです。そして人類の罪を全て贖うことによって、彼は神と成り、死を克服して復活するのだという信仰が成立したと分析しています。

メシアをとるかトーラーをとるか

メシアに対する期待は度々裏切られます。メシアはダビデ王の子孫であると思われていますから、ユダヤの王として民衆を扇動《せんどう》し、異民族の支配者を追い出す蜂起《ほうき》を指導するというイメージで捉《とら》えられていました。しかし現実には異民族の大帝国に対して蜂起しても、なかなか勝てるものではありません。メシアを自認する者は、自分には神の加護があると思い込んでいますから、どうしても軽挙妄動《けいきょもうどう》して、墓穴《ぼけつ》を掘ってしまいがちです。そうしますと偽メシアだったということになります。またオカルト的なパフォーマンスをして民衆を惑わしますと、人間のくせに神のごとくふるまう神の偶像として宗教権力によって処罰されます。でも決定的な場面で神の加護がなかったり、処刑されても復活してこなかったりしますから、やはり偽メシアとされてしまいます。次第に民衆はメシアの登場が信じられなくなるのです。

そこでやはりトーラーを遵守することで救われるという、知恵文学が紀元前後にさかんになります。ただし膨大なトーラーをすべて暗記し、実行するのは無理がありますから、シナゴーグ（会堂）で安息日に、律法学者が説教者となって、どのトーラーが大切で、どのような要領でトーラーを実践すればよいかを、ケイスバイケースで説明したのです。

第二章　イエスの降誕

イエスの家系図

「アブラハムの子ダビデの子、イエス・キリストの系図」これが新約聖書の冒頭の「マタイによる福音書」（以降「マタイ伝」と記す）の書き出しです。アブラハムの子がダビデではありません。アブラハムというのはセム族の一番の祖先なのです。アブラハムの跡継ぎのイサクがユダヤ人の祖先です。イサクの腹違いの兄であるイシマイルがアラブ人の祖先だということになっています。

アブラハムから十四代目が古代へブライ王国のダビデ王なのです。ダビデ王の息子ソロモン王の時代に古代へブライ王国は最も栄華《えいが》を極めました。そのことを「ソロモンの栄華」と呼んでいます。残念ながらダビデ王から十四代目に、ユダヤ民族は最悪の凋落《ちょうらく》状態になり、新バビロニア王国に大量に強制連行されて捕囚《ほしゅう》として強制労働させられたのです。

そしてさらに十四代目がイエスに当たるというわけです。

どうしてイエスの家系図が書き出しに出てくるのかと言いますと、イエスがキリストであるということを証明するのが、この『新約聖書』の大きな課題だからです。「キリスト」というのは

ティツィアーノ：聖母子（ジプシーの聖母）

固有名詞ではないのです。ヘブライ語では「メシア」と言います。新約聖書はギリシア語で書かれましたので、「キリスト」と呼ばれているわけです。その意味は「救世主」です。つまり人々を導いて、世を救う主です。なお唯一絶対の神ですから、この救世主はユダヤ教では神の子ではあり得ません。神の子の存在を認めますと、神の子も何らかの意味で神ですから唯一神でなくなってしまいます。ですから救世主のことを「人の子」とも言います。ところがキリスト教ではイエスは「神のひとり子」とされています。それでユダヤ教やイスラム教から見れば、キリスト教は唯一神論から外れているのです。

なお人々を導くためには人々の上に立たなければならないので、当然ユダヤの王でなければならないと考えられていたのです。『新約聖書』ができる前は、聖書つまりバイブルといえば、ユダヤ人の苦難の歴史を綴った旧約聖書がありましたが、そこで神はダビデ王の子孫を永久にユダヤの王にすると約束されているのです。

「勝利を与えて王を大いなる者とし、油注がれた人を、ダビデとその子孫をとこしえまで慈《いつく》しみのうちにおかれる。」（サムエル記下二二章）「神と共にあってわたしの家は確かに立つ。神は永遠の契約をわたしに賜《たまわ》る。」（同二三章）

また救世主がダビデ王の子孫だということを「イザヤ書」一一章もこう書いています。なお「エッサイ」はダビデの父の名前です。

「エッサイの株からひとつの芽が萌《も》えいで、その根からひとつの若枝が育ち、その上に主の霊がとどまる。知恵と識別の霊、思慮と勇気の霊、主を知り、畏《おそ》れ敬う霊。彼は主を畏れ敬う霊に満たされる。目に見えるところによって裁きを行わず、耳にするところによって弁護することはない。弱い人のために正当な裁きを行い、この地の貧しい人を公平に弁護する。（中略）正義をその腰の帯とし、真実をその身に帯びる」

そこでメシアつまりキリストは、ダビデ王の家系に連なっている必要があるということでイエスをダビデ王の子孫であることを証明する系図をまず掲げたのです。さてこの家系図は信用できるでしょうか。日本でも自らの家柄を誇るために源氏や平氏や藤原氏などを祖先にする家系図がたくさん造られていますから、信用しろと言われても簡単には信用できません。ともかく弟子たちがキリスト教を広めようとする際に、イエスの家系図を暗記していて、ダビデ王の子孫だからユダヤの王になりうる家柄だったことを印象づけようとしたことは確かでしょう。

この家系図は実は「マタイ伝」と「ルカによる福音書」（以降「ルカ伝」）にしか載ってないんです。念のために両者を照合しておきましょう。

「マタイ伝」……イエス―ヨセフ―ヤコブ―マタン―エレアザル―エリウド―アキム―サドク―アゾル―エリアキム―アビウド―ゼルバベル―シャルティエル―エコンヤ―ヨシヤ―アモス

―マナセ―ヒゼキア―アハズ―ヨタム―ウジア―ヨラム―ヨシャファト―アサ―アビヤ―レハブアム―ソロモン―ダビデ―エッサイ（計29代）

「ルカ伝」……イエス―ヨセフ―エリ―マタト―レビ―メルキ―ヤナイ―ヨセフ―マタティア―アモス―ナウム―エスリ―ナガイ―マハト―マタティア―セメイン―ヨセク―ヨダ―ヨハナン―レサ―ゼルバベル―シャルティエル―ネリ―メルキ―アディ―コサム―エルマダム―エル―ヨシュア―エリエゼル―ヨリム―マタト―レビ―シメオン―ユダ―ヨセフ―ヨナム―エリアキム―メレア―メンナ―マタタ―ナタン―ダビデ―エッサイ（計44代）

「マタイ伝」では、イエスはソロモン王の家系ですが、「ルカ伝」ではソロモンの兄ナタンの家系になっています。そのせいかどうか分かりませんが、イエスの祖父からしてヤコブとエリというように別名になっています。これでは両方とも信用できません。でもわざわざ全く違う家系図を残すということは、論争があってどちらが正しいか決められなかったからでしょうが、福音書の信憑性《しんぴょうせい》を疑わせる結果になっています。結局イエスがダビデ王の子孫であることを証明できなかったことが、イエスがメシアとして認知されなかった原因の一つになり、処刑につながります。

福音書といいますのは、「幸せの便り」という意味ですが、具体的には「神の国の到来を告げ知らせる書」という意味です。イエスの伝道《でんどう》は、人々に神の国が到来することを告げ知らせ、それまでに悔い改めて、メシアであるイエスに帰依《きえ》しておくことをすすめたものでした。そうしておかないと神の国が到来したとき審判でひどい目に遇うからです。そのイエスの伝道の内容を弟子が記録したのが「福音書」なのです。

「マタイによる福音書」「マルコによる福音書」「ルカによる福音書」（以下「マタイ伝」「マルコ伝」「ルカ伝」と記す）が共観福音書と呼ばれています。別の人が書いたのに同じ内容が多いので、その内容が事実であったことを証明するものと考えられていました。でも最近の研究では、「マルコ伝」の他にもう現存しませんが、おそらくアラム語というイエス時代のユダヤ人の言語で書かれた、何種類かの「イエス言行録」というのがまずありまして、それらも底本にして、「ルカ伝」や「マタイ伝」が書かれたという順序になっています。ですから同じ内容が書いてあることは、必ずしも史実である証明にはならないのです。ところで家系図は「ルカ伝」や「マタイ伝」が書かれるようになって付加されたものですから、後から、教団が宣伝用に造った可能性がありますね。

どうして血統がバイブルで重視されるのかというのが問題ですね。マックス・ウェーバーの『支配の社会学』によりますと、支配者は自分が支配者であることを認めさせるために、合法性を強調する型と、伝統を強調する型と、カリスマ性を強調する型があるそうです。イエスには法的手続きで選出されたりする合法性もありませんし、もし家系図が本当でも、代々王位を継承してきたわけではありません。ですから伝統型でもありません。ただダビデ王に血統が繋がっているというだけです。

ウェーバーは日本の天皇制について「カリスマの物件化」という用語を使って説明していま

す。(1)「カリスマ」とは天からの賜物《たまもの》として威力を持つことです。つまりカリスマを授かった人は、通常の人間では持つことができないような超能力的な力を持っていると思われているわけです。『古事記』では、そのカリスマをニニギノミコトは祖母のアマテラスオオミカミから授かったのですが、このカリスマは物件化しまして、血の中に入って子孫に受け継がれるというわけです。その結果、「万世一系」の血統によって明治天皇にもカリスマがあることになったという理屈です。これをダビデ王の血統に応用しますと、イエスはユダヤの王になるカリスマを受け継いでいるという説明になります。バイブルにはカリスマが血統によって引き継がれるという思想があるので、神が代々ダビデ王の子孫にユダヤの王位を継承させるという約束になったわけです。

処女懐胎

『旧約聖書』はユダヤ教徒もキリスト教徒も共通の聖典にしていますが、『新約聖書』はイエスがキリストであることを証明している書物なので、ユダヤ教徒は聖典として認めていません。『新約聖書』の中でイエスが神の子であることを示す説話に、乙女（つまり処女）マリアからイエスが誕生したという説話があります。

「母マリアはヨセフと婚約していたが、二人が一緒になる前に、聖霊によって身ごもっていることが明らかになった。夫ヨセフは正しい人であったので、マリアのことを表ざたにするのを望まず、ひそかに縁を切ろうと決心した。このように考えていると、主の天使が夢に現れて言った。『ダビデの子ヨセフ、恐れず妻マリアを迎え入れなさい。マリアの胎《はら》の子は聖霊によって宿ったのである。マリアは男の子を産む。その子をイエスと名付けなさい。この子は自分の民を罪から救うからである。』このすべてのことが起こったのは、主が預言者を通して言われていたことを実現するためであった。『見よ、おとめが身ごもって男の子を産む。その名はインマヌエルと呼ばれる。』この名は、『神は我々と共におられる』という意味である。」（『マタイ伝』第一章18～23節）

イアン・ウィルソン著『真実のイエス』（紀伊國屋書店）によりますと、「イザヤ書」に次のようにあります。

「それゆえ、わたしの主が御自らあなたたちにしるしを与えられる。見よ、おとめが身ごもって男の子を産む。その名はインマヌエルと呼ばれる。」（同上、第七章14節）

この文中の「おとめ」はヘブライ語原典では――almahという「若い娘」という意味の言葉を使っていたのです。それは年頃の娘という意味で処女の意味にとるのはおかしいそうです。どうもギリシア語に翻訳する時に「汚れなき処女」を意味するparthenosを使ったようです。イアンはユダヤ人ならばヘブライ語原典を読んでいるからこういう間違いはあり得ないので、「マタイ伝」の作者は「本当のユダヤ人ではないことが、実にはっきりとあばかれてしまう。」（『真実のイエス』

四六頁）と指摘しています。(2)

でも文章を解釈する場合は、文脈が大切です。イザヤは、神が御自《おんみずか》ら若い娘に子供を生ませ、その子が「災いを退け、幸いを選ぶことを知るようになる」と言っているのですから、その若い娘は処女だったと考えられます。何故なら神は初物《はつもの》がお好きなのですから。それでユダヤ人である作者がギリシア語訳を気に入って使ったとも解釈できます。「マタイによる福音書」は、実はマタイによる福音書ではなかったというのが、実に簡単に証明されてしまっては、困ります。「マタイ伝」では天使はヨセフの夢に現れますが、「ルカ伝」では天使ガブリエルがナザレに派遣され、直接乙女マリアに「おめでとう、恵まれた方。主があなたと共におられる」と祝福したのです。神から恵みをいただいたので、神の子を産む、その子はダビデの王座をいただき、永遠にヤコブの家（イスラエル）を治めると告げたのです。マリアは男を知らないのにそんなことはあり得ないと言いますと。天使はこう答えたのです。

「聖霊があなたに降《くだ》り、いと高き方（つまり神）の力があなたを包む。だから生まれる子は聖なる者、神の子と呼ばれる。」（「ルカ伝」第一章26～35節）

乙女マリアの懐胎《かいたい》というのは、マリアの言うとおり、あり得ないことですが、神の聖霊が降《お》りたとすれば、もう奇跡に属することですから、否定しても仕方がありません。イスラム教でもイエスが乙女マリアから生まれたことは、神のなされたことだから否定しません。ムハンマド（マホメット）はイエスをモーセ以来の最大の預言者だと認めているのです。だけど唯一絶対神信仰であるから、生まれた子は神の子ではなく、人の子でなければならないと主張しているのです。もっとも乙女マリアの懐胎がもし歴史的事実であるならば、これは仰天的な事実ですから、当然「マタイ伝」「ルカ伝」だけでなく、「マルコ伝」「ヨハネによる福音書」（以降「ヨハネ伝」）でも触れられているべきですが、それが書いていないのです。つまり「マルコ伝」が書かれた段階ではまだ処女懐胎説話が完成していなかったのです。ですからイエスが聖霊によって処女から生まれたとする説話は、イエスが生まれつき神の子であったことにするという、イエス神格化のねらいを持って書かれていたと思われます。

ちなみに「マタイ伝」より成立が古いと思われている「ローマ人への手紙」（以降「ローマ人」）には、明らかに処女から生まれたことを否定する記述があります。

「御子《みこ》に関するものです。御子は、肉によればダビデの子孫から生まれ、聖なる霊によれば、死者の中からの復活によって力ある神の子と定められたのです。この方が私たちの主イエス・キリストです。わたしたちはこの方により、その御名《みな》を広めてすべての異邦人を信仰による従順へと導くために、恵みを受けて使徒とされました。」（「ローマ人」第一章、３〜４節）

先程のイエスの家系図でダビデ王の血筋に連なっているのは、父のヨセフです。「御子は、肉によればダビデの子孫から生まれ」ているのですから、当然ヨセフの血筋を引いているわけです。

ところが乙女マリアから聖霊によってイエスが生まれたのなら、イエスはダビデ王の血を受けていないことになります。そうしますとユダヤの王になる資格がなくなってしまいます。

そこで処女降誕説話が出てくる背景として、イエスの神格化が進むと共に、ユダヤの王になる資格がどうでもよくなる必要があります。それがイエス磔刑後四十年つまり紀元七十年のユダヤ解放戦争の敗北で、エルサレムが陥落《かんらく》したことがあげられます。やはり「マルコ伝」の成立がおおよそそれ以前で、「ルカ伝」「マタイ伝」の成立がおおよそそれ以降でないかとされているのです。エルサレムが陥落しますとユダヤ人の多くはパレスチナの地を捨てて、ローマ帝国の全域に離散（ディア・スポラ）して住まなければならなくなりました。キリスト教の布教も異邦人中心になってきたのです。異邦人にとってはイエスがダビデ王の家系であることよりも、生まれつき聖霊を宿した神の子であったことの方が重要なことだったのです。

本書の問題意識との関連で言いますと、処女懐胎は聖霊信仰の特色がよく出ていて、大変興味を惹かれます。聖霊は一つの実体的なものとして、マリアに入ったのです。つまり神の精子（ガイスト）をマリアは受け入れたことになります。それで懐胎したのなら、マリアは神に処女を捧げた神の花嫁ということになりますね。そして夫ヨセフはそのお下がりを頂戴することになります。これは未開部族社会でみられる族長の初夜権の名残とも解釈できます。未開部族社会の中には、結婚したら花嫁の初夜を族長に捧げたり、何ヵ月も族長のハーレムで過ごしてから、花婿の許《もと》にいく風習のところがあります。

『旧約聖書』からも初物は自分の長男を含めて、すべて神のものであり、神に捧げるという慣習が大昔にあったことが伺えます。イエスも結局神の子とされ、神に犠牲として捧げられることになりますから、神の初夜権として解釈するのは的はずれとは言えません。ただし相手が「見えざる」神ですから、マリアは神との性交にはまったく気づいていません。ですから乙女のまま懐妊したと思っているわけです。

処女懐胎を認めますと、聖霊がマリアの中で肉を受けてイエス・キリストになったことになります。ですからイエス・キリストは聖霊においては神であり、肉においては人間であるということになります。神にとりつかれた人間と言えます。だから「神は我々と共におられる」という意味のインマヌエルにあたるのです。こういう聖霊や悪霊が肉体に宿るという信仰を一般的には「つきもの信仰」と呼びます。キリスト教が典型的なつきもの信仰だということ、これは処女懐胎説話からもはっきりしています。

処女懐胎説話はエルサレム陥落後の創作ですから、処女懐胎説話成立以前には、はたして聖霊のつきもの信仰はなかったのでしょうか？　それはバイブルを読んでいけば分かることです。聖霊のつきもの信仰という視点からバイブルを読みますと、今まで解けなかったバイブルの謎がまるでマジックのように解けてしまいます。やはりつきものである悪霊を退散させるエクソシズムや、聖霊を移転させるための聖餐などもつきもの信仰が前提なのです。読者のみなさんは簡単に納得しないで、反発しながら読んでください。

イエスはベツレヘムで生まれたか？

イエスはナザレ人《びと》イエスと呼ばれています。ナザレ村はユダヤの聖都エルサレムから百キロメートルほど北にあるガリラヤ地方にありました。しかしイエスが生まれたのはエルサレムから南に五キロメートルほどのベツレヘムであったとされています。東方の星占いの学者がユダヤの王が生まれた印《しるし》の星を見たというので、エルサレムを訪れます。そしてヘロデ王が律法学者に問いただしますと、預言にこうあると言います。その元になっている「ミカ書」と並べてみましょう。なおエフラタはベツレヘムの古名です。

「ユダの地、ベツレヘムよ、お前はユダの指導者たちの中で、決していちばん小さいものではない。お前から指導者が現れ、わたしの民イスラエルの牧者になるからである。」（「マタイ伝」第二章6節）

「エフラタのベツレヘムよ、お前はユダの氏族の中でいと小さき者。お前の中から、わたしのために、イスラエルを治める者が出る。」（「ミカ書」第五章1節）

それで学者たちがベツレヘムへ向かいますと、東方で見た星が先導してイエスのいる場所の上に止まります。そこにマリアと幼子がいたのです。彼らはひれ伏して幼子を拝み、贈り物をささげました。そして夢のお告げにしたがって、ヘロデを避けて自分たちの国に帰りました。この話は、事実というより、イエスは闇を照らす「世の光」であり、希望のスーパースターだということを説く聖者誕生物語なのです。そして導きの星であることを示す逸話です。実際にイエスの降《こう》誕《たん》の際にスーパースターが現れたかどうかは別問題です。

『イエスの真実』四八頁によりますと、一六〇三年の天文学者ジョン・ケプラーの計算では、紀元前七年に魚座あたりで木星と土星が接近したとされています。木星と土星が接近するとメシアが現れるというユダヤ人ラビの話がありましたので、イエスは実は紀元前七年生まれではないかと推測したのです。一六八二年の天文学者エドマンド・ハリーの計算ではハリー彗星が紀元前一二年に出現しています。また紀元前五年に中国で観測された超新星の爆発とベツレヘムの星は同じだったという説もあります。これら天文学的な事象は何年かはっきりしていいのですが、そのような巨星の出現とイエスの誕生を結び付けることで、イエスの神聖化をはかろうと作為しているかもしれませんから、われわれは史実かどうかの判断は慎重であるべきでしょう。

ではヨセフたちは元々ベツレヘムに住んでいたのでしょうか、「マタイ伝」では元からナザレに居たという記述はありませんから、そう考えていたのでしょう。「ルカ伝」ではわざわざ身重のマリアを連れて、ヨセフはベツレヘムへ向かったことになっています。その事情はこうです。

「そのころ皇帝アウグストゥスから全領土の住民に、登録せよとの勅令が出た。これはキリニウスがシリア州の総督であったときに行われた最初の住民登録である。人々は皆登録するために各々自分の町に旅立った。ヨセフもダビデの家に属し、その血筋であったので、ガリラヤの町ナザレから、ユダヤのベツレヘムというダビデの町へ上っていった。身ごもっていたいいなずけのマリアと一緒に登録するためである。」（「ルカ伝」第二章1〜5節）

イアン・ウィルソンによりますと、この住民登録が紀元六年以前に行われた可能性はないそうです。何故なら紀元六年にユダヤ人ははじめてローマ法の支配に入ったからです。イエスが紀元六年生まれですと、紀元三十年の磔刑の時にイエスは二十四歳だったことになります。それでは「ルカ伝」第三章23節で「イエスが宣教を始められたときはおよそ三十歳であった。」となっているのと合いません。そうしますとベツレヘムでの登録の話も信用できません。ベツレヘムというダビデ出身の町で登録したことにして、イエスがダビデ王の家系であり、預言通りユダヤの指導者に相応しいことを印象づけようとしているとも勘繰《かんぐ》れます。

さらにヘロデ王がイエスにユダヤの王になられるのを恐れて、ベツレヘムとその周辺一帯にいた二歳以下の男の子を皆殺しにさせたと、「マタイ伝」は記しています。それでヨセフの夢で天使が危険を知らせて、エジプトに逃れさせているのです。ヘロデ王が死んだので、また夢のお告げでイスラエルの地に帰りますが、ユダヤはヘロデ王の息子アルケラオが後を継いでおり、彼も恐ろしいので、ガリラヤに引きこもってナザレに行って住んだことになっています。

「ルカ伝」では元々ナザレに住んでいて、住民登録のためにベツレヘムに行きます。そこでイエスを生んで、天使からメシアの誕生を知らされた羊飼いたちの祝福を受け、八日目にイエスと命名し、清めの期間が過ぎてからエルサレムに連れていき、神殿に捧げ聖別されました。そして老預言者たちの祝福を受けて、自分たちの町であるナザレに帰ったとなっています。つまりヘロデ王の血なまぐさい話は全くないのです。

このヘロデ王の嬰児《えいじ》殺しの説話は、イエス誕生からさらに千年以上前、モーセの赤ちゃん時代にエジプトのファラオ（王）がヘブライ人の男児殺害を命じた話があります。モーセは籠に入れて流され無事王宮に流れ着いて大切に育てられました。その焼直しのような気もします。英雄伝には乳幼児の時、殺されかけて、難を逃れる話がよくあります。その方がいかにも使命を果たすために神に守られて育ったことになり、英雄の伝記に相応しいのです。

イエスの生誕の地をベツレヘムにしたのは、ダビデの出身地だからです。ダビデの家系の者がユダヤの王となり、イスラエルを再興するのなら、その人もベツレヘムから出るのが相応しいということで、ベツレヘム生まれになったのです。ところがヨセフはナザレの大工でしたから、本来ならベツレヘムで子供を産むわけにいきません。「マタイ伝」ではヨセフはベツレヘムに住んでいたことにし、イエスが生まれてから、いったんエジプトに逃れて、ガリラヤのナザレに落ちついたことにしたのです。「ルカ伝」では住民登録という理由づけをして、ガリラヤから一時的にベツレヘムに移って、イエス誕生の後でナザレに戻ったことにしたのです。元々共観福音書ですから、「マタイ伝」と「ルカ伝」の記述が矛盾しないから、信憑性があるとされています。ところが実際には「マタイ伝」と「ルカ伝」では検討した通り、全く矛盾だらけですので、イエスのベツレヘムで生まれたという話は信用できないということになります。

結局、ヨセフとマリヤはナザレにずっといて、イエスを産んだのでしょう。ナザレでイエスは生まれてから青年期まで過ごしたと解釈するのが一番自然です。つまりイエスをダビデ王家の血統や聖霊の降誕で飾ろうとするから矛盾が生じるのです。イエスの偉大さはそうした血統や生まれつきの神がかりとは全く無縁のはずです。

エーリッヒ・フロムは「キリスト論教義の変遷」（『革命的人間』〔原題"DOGMA of CHRIST"〕東京創元社、一九六五年刊、所収）で、イエスが神の養子から実子に神格化されたことを批判しています。フロムの分析では、元々イエスはヨセフとマリヤの間に生まれた普通の貧乏大工の子に過ぎません。しかし愛を貫いて生き抜いたことによって、人類の罪を背負い、処刑されますが、神はイエスの義を認めて復活させ、自らの養子にしたと原始キリスト教団では捉えられていたわけです。ですからイエスは「神の子」といっても「神の養子」と考えられていたのです。しかしキリスト教団の都合でイエスを生まれつき神の子であったことにするために、乙女マリアへの聖霊の懐胎というフィクションを創作したということになります。これが「神の実子」説です。

でもモーセやバプテスマのヨハネのようなステージの高そうな預言者でも、神の子には成れません。ではどうしてイエスだけ復活させられ、神の子に成れたのでしょう。それは元々聖霊が宿っていたからでないとしますと、イエスはどうして聖霊を受け取ったのでしょうか。

第三章　イエスの出家

セッフォリスのイエス

　ではナザレのイエスはどうしてメシアになったのでしょう。父ヨセフは大工だったと思われます。イエスも長男ですから、おそらく大工仕事を仕込まれて、ナザレで大工をしていたのでしょう。と言いましてもナザレ村の農業に伴ってどれだけ大工仕事があったか疑問です。たいがいの農家では自分で家や家具の製作や修理をしていたでしょうからね。おそらく近くの町に行って、大工仕事をしていたのでしょう。

　ナザレ村から徒歩で一時間以内に、反乱に対するローマの鎮圧で廃墟になったセッフォリスという都市がありました。これをガリラヤの首都としてヘロデ王の息子アンティパスが再建したのです。そこはイエスが生まれたころから再建されはじめたのです。ヘレニズム風の大都会で、四千人以上の観客を収容できる当時世界最大の劇場があったということです。このセッフォリスの再建計画は紀元三九年まで続いていましたから、ナザレの大工ヨセフとイエスの仕事がいくらでもあったことが想像できます。

考古学者ジェイムス・ストレインジによりますと、大工と言いますと木材を使った仕事ですので、劇場の板張りをしていた可能性が高いと言います。イエスの言動から演劇の知識やギリシア語に通じていたと思われることから、イアン・ウィルソンもそう考えているようです(1)。私はさらにイエスのパフォーマンスにも、かなり演劇からヒントや工夫を学んでいるところがあると思います。演劇と大工技術が結びついたところに、群衆の目をみはらせるようなさまざまな演出ができて、それが悪霊払いやその他の奇跡と受け止められたのではないでしょうか。イエスの説教が見事だったことは、福音書からじゅうぶんうかがえますが、それだけでイエスブームが起こったことは説明できません。やはりイエスは、メシアの証を示す奇跡的な治療によって、人々の帰依をかちえたと思われます。

福音書にはセッフォリスは一度も出てきません。ティベリウスというギリシア・ローマ風の都市でも布教はしていません。ガリラヤの素朴な伝統的なユダヤ文化の町を回って、布教しているのです。イエスが拠点にしたのはカファァリナウムというガリラヤ湖北岸の漁村です。ハリー・トーマス・フランク『Discovering Biblical World 歴史地図と写真で実証する聖書の世界』(東京書籍)の一〇六頁から引用してみましょう(2)。

「イエスは、ガリラヤのユダヤ人の村の大部分の会堂で教えたが、カファァリナウムは彼が好きな所だったようである。それは、小さな、城壁のない漁村で、湖岸沿いに約千五百フィート延びており、湖から離れて丘へ上り始める地点まで、おそらく岸の方に七百五十フィートまでなかった。つまりカファリナウムはイエスの時代には小さく、みすぼらしく、重要ではなかった。」

悪霊払いなどの奇跡的な治療は、啓蒙的なギリシア・ローマ風の都市で行っても、おそらく疑い深い市民たちに相手にされなかったのでしょう。例えばMr・マリックの超能力マジックは確かにすごい腕前で、本当に超能力者のように見えますね。でも大部分の視聴者は何かトリックがあるに違いないと疑っています。本気でマリックが超能力者だと信じている人はほとんどいないでしょう。

素朴な漁村の人々の方が信じ込み易かったのです。とは言いましても、カファリナウムにイエスの噂を聞き込んだ民衆が押し寄せて来ます。おそらくモダンなギリシア風の都市からも民衆は集まったでしょう。都会で見せられても信じられなかったことが、鄙《ひな》びた田舎の風景の中で行われれば、あまり違和感がなく、信じられたのではないでしょうか。もしテレビ画面ではなく、信州かどこかの鄙びたところに行って、そこで超能力を見せられたら、こんなところに超能力者が潜んでいたんだとつい信じてしまうかもしれませんね。

ナザレ村ではイエスのパフォーマンスはさんざんでした。あれは大工ヨセフの息子じゃないかということで、何をいかがわしいことをやっているんだぐらいに、相手にされなかったのです。それは顔見知りということだけではなく、ナザレがセッフォリスに徒歩一時間の距離にあったということ、地理的条件からもきています。彼らはヘレニズムの都会的な文化に馴染《なじ》みすぎていたということも原因なのです。

出家の動機をめぐって

イエスが出家した動機は、福音書からは窺い知ることはできません。根拠は曖昧《あいまい》だったにせよ、もしダビデ王の家系だと本当に両親から言われてきていたのなら、家の秘伝のような形で古い聖典類があって、父ヨセフあるいは祖父から宗教教育を受けていた可能性はあります。聖典類が揃ってなくても、口伝《くでん》のような形で父親や祖父からトーラーを伝えられていたとも考えられます。ダビデ王の家系と言いましても傍系も入れますと相当の数にのぼるはずですね。「ルカ伝」ではダビデ王の後を継いだソロモン王の家系ではなく、ナタンの家系になっています。一夫多妻制ですから、裕福な時期にはたくさんの妻がいましたから大勢の子孫がいたと想像できます。ですから当時は貧乏だったとしても、ダビデ王の家系である可能性は決して少なくはありません。それに誇り高いユダヤ人のことですから、全く関係なくても、御落胤《ごらくいん》ということにしておくことも考えられます。たとえごまかした家系でも子孫は本当だと思い込みますから、イエスの祖父母や両親、そして本人がやんごとない血筋を信じ込み、自分がひょっとしたらメシア王になる運命かもしれないと妄想したとしても、不思議はありません。

どうして長男のイエスが出家し、次男が出家しなかったかという疑問は、神との直接的な関係を重視するキリスト教ではあまり出されていませんが、ヘブライ人には元々長男は神に捧げるという伝統があり、長男は聖職者になるというのがレビの家系では当然とされていたのです。日本では長男が家業を継ぎ、次男が寺に入る方が自然です。平安時代末期から畿内では農家は二・三男が僧兵になっていたようです。たとえでたらめな家系図しか持っていなかったとしても、ダビデ王の家系を誇りにしていたらしいヨセフ一家では、長男に宗教教育を施し、出家するように薦めていたとしても不思議ではありません。

この宗教教育がいささか行き過ぎて、イエス少年がすっかり神に捧げられた子になっていたつもりだったことが、「ルカ伝」第二章に伝えられています。ただしこの話もイエスの神格化のために後から教団が造り上げた可能性もあります。

「さて両親は過越祭には毎年エルサレムへ旅をした。イエスが十二歳になったときも、両親は祭りの慣習に従って都に上った。祭りの期間が終わって帰路についたとき、少年イエスはエルサレムに残っておられたが、両親はそれに気づかなかった。イエスが道連れのなかにいるものと思い、一日分の道のりを行ってしまい、それから親類や知人の間を捜し回ったが、見つからなかったので、捜しながらエルサレムに引き返した。三日の後、イエスが神殿の境内《けいだい》で学者たちの真ん中に座り、話を聞いたり、質問したりしておられるを見つけた。聞いている人は皆、イエスの賢い受け答えに驚いていた。両親はイエスを見て驚き、母が言った。『なぜこんなことをしてくれたのです。ご覧なさい。お父さんも私も心配して捜していたのです。』すると、イエスは言われた。『どうしてわたしを捜したのですか。わたしが自分の父の家にいるのは当たり前だということを、知らなかったのですか。』しかし、両親にはイエスの言葉の意味が分

からなかった。」（ルカ伝、第二章41節～50節）

この話を処女降誕説話と結び付けますと、イエスは天の父つまりヤハウェを本当の父だと分かっていたことになりますが、処女降誕説話はイエス神格化のための作り話であることは確実です。だからむしろ「ルカ伝」第二章22節～23節に記されていますが、それによりますと生後8日間の清めの期間が過ぎてから、エルサレムの神殿にイエスは連れていかれて神に捧げられているのです。それでその時の話を聞かされて育ったので、イエスは神の養子に成ったつもりでいたと思われます。

「さて、モーセの律法に定められた彼らの清めの期間が過ぎたとき、両親はその子を主に献げるため、エルサレムに連れて行った。それは主の律法に『初めて生まれる男子は皆、主のために聖別される』と書いてあるからである。」

でもベツレヘムで生まれたのならエルサレム神殿に生後八日後に連れていかれても不思議はありませんが、ベツレヘム生まれはどうも信用できません。ナザレ村で生まれたのなら、百キロメートル離れたエルサレム神殿に、生後八日後に連れていくのは不自然です。おそらく神殿に連れていったのは次の過越祭の時だったでしょう。

ともかく長男は儀礼的に神に捧げられるのですが、だからといって長男がみんな神の養子の意識になるはずはありません。イエスはよっぽど素直で純粋で感じやすかったと思われます。でもそれだけで大人になってから出家する理由にはなりません。それにはやはりユダヤ人の民族的自覚が必要だったのです。その意味で、ヘレニズム都市セッフォリスから徒歩で一時間以内のところにユダヤ人の寒村ナザレが位置していたことと関係するでしょう。

ガリラヤは聖都エルサレムから見ますと、北へ百キロメートルも離れた辺地です。ですからユダヤ人の村は寂れた小さな村が多いのです。でも北へ行くほどヘレニズム世界に入っていきます。ローマからガリラヤの支配を任せられていたアンティパスは当時のローマ帝国でも最大規模の劇場や目抜き通りを持つようなヘレニズム風の都会を造り上げて、自分の政治的手腕をアピールしたのです。そのような大土木工事は貿易の利益だけで賄《まかな》うことはできなかったと思われます。相当の重税をガリラヤのユダヤ人に課したでしょう。そのためにガリラヤの人達は生活は困窮を極めたことが想像できます。(3) 都市による農村の収奪が行われたのです。元々ガリラヤはエルサレムのある荒れ地だらけのユダヤ地方とは違って、緑が豊かな田園地帯です。ひどい収奪がなければ、農民や漁民たちは豊かな暮らしができたのです。

それにきらびやかな富が集積するセッフォリスという都会を見て、寒村であるナザレ村を見ますと、その格差に愕然《がくぜん》とするはずです。イエスは大工です。しかもセッフォリスという都会を作っていた大工です。その彼が都会を作ることを捨てて、虐《しいた》げられている農村で布教するのです。この農村から都市を包囲するという毛沢東ばりの戦略から、安易にイエスを民族解放のゲリラ指導者と思わないでください。イエスが目指していたのはあくまでこの世に神の国をつくる宗教的な解放なのですから。

バプテスマのヨハネ

出家の動機は残念ながら、『新約聖書』の福音書からははっきりしません。ただバプテスマのヨハネから洗礼つまりバプテスマを受けたことが、出家の直接のきっかけになっています。バプテスマのヨハネの出現は、センセーションを巻き起こしたのです。洗礼つまりバプテスマというのは、罪を洗い清める儀礼です。ヨハネは「神の国」運動を行っていたのです。「悔い改めよ、天の国は近づいた」(マタイ伝、第三章2節)と荒れ野で叫んでいたのです。

「天の国」は英語ではヘブンです。超越神論で言えば、この世界は神が作ったのですから、神はこの世界の外におられるわけです。この世界の外にある神の世界を「天の国」と呼んでいたのです。天の国には神と天使たちが住んでいることになっています。天の国が近づくというのは、天の国と同様に地の国も神が直接支配されるようになることを意味します。ですからこの箇所に限って言いますと、「悔い改めよ、神の国は近づいた」と言ってもよいわけです。

神の支配が回復されることと、終末が来て、審判が行われるというのは同じ意味なんです。元々神の支配は、モーセによるイスラエルの統率やカナンに侵攻してから古代ヘブライ王国ができるまでの時期に行われていたとされています。預言者や士師が神の言葉にしたがって支配していたのです。そういう時期に戻る前に、神はまず罪のある連中を罰されるだろうと、ヨハネは考えたのです。もうすぐ神の支配が始まるから、今の内に罪を告白し、懺悔して、悔い改めておかないと神の怒りを免れることができないというわけです。

そして罪を告白し、懺悔した人々に罪を洗い清める洗礼をしてあげたわけです。それじゃあ、ヨハネはこの世で神に代わって罪を許す力を与えられていたことになりますね。だからヨハネはメシアつまり救世主なのではないかと議論されていたわけです。でもヨハネはガリラヤ領主へロデ・アンティパスを非難攻撃したという罪で捕らえられ、殺されてしまいます。(4) もしヨハネがメシアなら殺されてお終いということはないはずですから、イエスはヨハネが復活した者ではないかと噂されたのです。

ファリサイ派は、正しい神の知恵であるトーラー（律法）を守ることによって救われると説きました。ですからトーラーを知ることによって救われる主知主義なのです。それに対して、ヨハネは、サドカイ派の司祭達やファリサイ派の律法学者を兼ねた富裕階級に激しい敵意を抱いていたのです。なぜなら、彼らは神の御国《みくに》に入るために、言葉の上だけでトーラーを都合よく解釈し、日頃は富と権勢に溺れて利己主義に徹しているくせに、あたかも隣人愛に生きているかに装っているですから、彼らが神の御国に入れるわけはないのです。ヨハネは、屁理屈をこねる自己弁護を止め、素直に自己の罪を認めて懺悔し、心から悔い改めて、それまでの罪人の自分は死に、神の御国で愛に生きるためにバプテスマによって生まれ変わることを求めたのです。

「ヨハネは、ファリサイ派やサドカイ派の人々が大勢、洗礼を受けに来たのを見て、こう言った。『蝮《まむし》の子らよ、差し迫った神の怒りを免れると、だれが教えたのか。悔い改めにふさわしい実を結べ。「我々の父はアブラハムだ」などという考えを起こすな。言っておくが、神はこんな石ころからでも、アブラハムの子たちを作りだすことがおできになる。斧《おの》は既に木の根本に置かれている。良い実を結ばない木はみな、切り倒されて火に投げ込まれる。』」（「マタイ伝」第三章、7〜10節）

聖霊が鳩のように降って来た

「マタイ伝」では、イエスがヨハネから洗礼を受けようとしたとき、ヨハネは躊躇《ちゅうちょ》します。ヨハネはイエスの方が宗教的な格が上だと一目で直覚《ちょっかく》したのです。だからこう言いました。

「わたしこそ、あなたから洗礼を受けるべきなのに、あなたが私のところへ来られたのですか。」（「マタイ伝」第三章、14節）

このことは「マルコ伝」には書いてなかったので、イエスの格が高いことをヨハネ自身が認めていたという話を後から造り上げたのでしょう。イエスはおそらくヨハネ教団に入って修行していたと思われます。洗礼やファリサイ派に対する対決姿勢なども影響されています。

イエスはヨハネから洗礼を受けた時に、神から聖霊を授けられた体験を語っています。

「イエスは洗礼を受けると、すぐ水の中から上がられた。そのとき、天がイエスに向かって開いた。イエスは神の霊が鳩のように御自分の上に降って来るのをご覧になった。そのとき『これはわたしの愛する子、わたしの心に適う者。』と言う声が、天から聞こえた。」（「マタイ伝」第三章13～17節、「マルコ伝」第一章９～11節、「ルカ伝」第三章、21～22節）

この話はどの共観福音書にも出てきます。聖霊が鳩になって降りるというイメージはとても印象的ですね。でもこの段階で聖霊が授けられたのは、少々早きにすぎます。ヨハネの許《もと》で修行し、ヨハネと別れてから後は荒れ野で誘惑に耐えて、その後で二つの愛に生きるという教説を悟り、トーラー主義を脱却する方法を会得《えとく》してはじめて、自分自身にそなわる聖霊に確信したはずです。ですから、むしろこの段階ではイエスがヨハネに帰依して、「神の国」運動の信仰に導かれたことを、「神の霊が鳩のように御自分の上に降って来るのをご覧になった」という言葉で表現しているのと受け取るべきでしょう。信仰というものは、こちらからいくら信じたいと願っても信じられるものではありません。むしろ神の方からこちらに飛び込んでくるようなものだそうです。神の霊が入ってしまったら、もう信じるも信じないもないんです。神が自分の中で働いているんだそうですから。

聖霊が鳩になって降りてくるというのは、霊鳥説話と言いまして、世界各地に伝説があります。日本でも『古事記』でヤマトタケルが遠征の帰路、死んで霊が白鳥になり大和に帰って来ます。聖霊というのは実は目に見えるものではありませんから、それが天から降りてきたように感じても、実際には目には見えていないはずです。でもヨハネのバプテスマ（洗礼）という魂の浄化体験（カタルシス）によって、鳩が降りてきて自分の中に入る幻想を見たのかもしれません。

私はひょっとしたら、ヨハネは鳩を使って、演出をしていたかもしれないと思います。彼は感覚に訴えて、魂を揺り動かす術に丈ていたのです。洗礼が終わると鳩が頭上から舞い降りるようにし、巧みにその鳩を隠して、あたかも洗礼を受けた人に入ったことにすれば、相手は聖霊が入ったと感動することうけあいです。奇術というものが独立して芸能に成る前には、宗教や戦争や政治の技術と分けられるものではなかったでしょう。

事が宗教だと自分が信仰している宗教の聖典の内容はそのまま信仰しても、他の宗教の聖典はウソの固まりみたいに思う人が多いようです。「聖霊が鳩になって降りてくる」なんてありえないから、これは妄想か象徴的表現だと思います。そして後から教団が自分の都合でフィクションを付加したというように受け止めてしまいます。たしかにそのような可能性もありますが、本当は目に見えない聖霊を鳩にして見せたところにヨハネのアイデアの凄さがあったのかもしれません。これはフェティシズム（物神崇拝）だと非難されそうですが、そういうやり方をイエスはきっちり受け継いでいるんです。宗教におけるそういうイノベイション（技術革新）がブームの原因に成った可能性があります。

それに聖霊が鳩に成って降りてくるというイメージから、聖霊がつきものとして捉えられていることがよく分かります。聖霊は天から人に入りますから、当然人から外に出ることもあり得ることになります。聖霊がつきものなら、悪霊もまたつきものです。そこから聖霊の力で悪霊を病人たちの体から追い出すというイエスの奇跡が考えられたのです。

荒れ野の誘惑

ヨハネは「らくだの毛衣《けごろも》を着、腰に革の帯を締め、いなごと野蜜を食べ物としていた」(「マタイ伝」第三章2節)のです。その背景には、ガリラヤ地方ではティベリウスやセッフォリスなどのヘレニズム都市が発展して、ユダヤ文化が廃れてしまう危機がありました。ヨハネの伝道は、都市物質文明に対する荒れ野精神文化の抵抗だったのです。

ヨハネ教団では荒れ野で断食《だんじき》の修行もしていたのでしょう。イエスは荒れ野で四十日間昼も夜も断食して、空腹を覚えたようです。そこで悪魔が神の子なら石をパンにするようにそそのかします。それに対してイエスは次のように答えました。

「人はパンだけで生きるものではない。神の口から出る一つ一つの言葉で生きる」(同上　第四章4節)

確かに個体としては人はパンで命を保つのですが、永遠の命を生きるには、神の言葉に従って生きることが大切だということです。パンを食べないために死んだとしても、神の言葉に従って生きることができれば、永遠の命と合一して生きつづけることができるということです。カントによりますと、人間は自己の欲求や利害に基づいて行動しますが、それだけですと、動物と同じです。そういう傾向性を抑制して、だれしもがこう行うべきだというような普遍性のある生き方を選択すべきなのです。キリスト教的に言いますと神への愛と隣人への愛を貫いて生きるということなのです。それができますと、たとえ夭折《ようせつ》（若死）だったとしても、時代を超えて生きることができるというのです。

次に悪魔は神殿の屋根から飛び降りるようにイエスに勧めます。神の子なら飛び降りてみろ、天使が支えてくれるだろうというのです。しかし悪魔の言うことを聞いて、神殿の屋根から飛び降りたりするのは愚の骨頂です。神の助力を求めるのは、貧しい人、悲しんでいる人、虐げられている人を救うためです。悪魔に神の子の証明してやるために天使を犠牲にすることはないわけです。

こういう時に助けてくれる天使はウォルター・ベンヤミンによりますと、「新しい天使」です。[5]ガブリエルやミカエルのような大天使は不老不死ですが、こういう奇跡を支える天使は、その刹《せつ》那《な》に作られた新しい天使なのです。そして人助けをした次の刹那にはもう消滅しています。でもこの「新しい天使」はわが身のはかなさを嘆いたりしません。神の愛や御力を示すことができたことで、作られたことに感謝して、神の栄光を讃えて至福の内に消滅するのです。

でも人間というのは見栄っ張りですから、すぐに意地を張って悪魔の挑発に乗ってしまいます。自分の力をひけらかして、悪魔にまで認めて欲しがるのです。自己承認や自己実現を求める願望が、世のため人のため自然のためになる愛の行為を通して叶えられれば良いのですが、往々にして虚栄心を満足させるだけに終わってしまうものなのです。

イエスはこの悪魔の誘惑に対して「あなたの神である主を試していけない」というトーラーで

応《こた》えました。つまり神は人間の召使ではなくて、人間の主人なのです。神は私たちを愛して下さるから、困ったときには助けてくれるかもしれないけれど、人間には別に神に助けを求める権利はありません。そして神には人間を助けなければならない義務はないのです。神は愛情から人間を助けたくなって助けるだけなのです。ですから神が自分を助けてくれるかどうか神を試みるのは、神を自分の召使扱いすることです。それはとんでもない心得違いですから、神は決して助けたりしてくれません。

逆に神は人間の主人ですから、召使である人間が主人である神に忠実かどうか、自己犠牲的に神のために献身してくれるかどうかを試みる権利があるのです。「創世記」でアブラハムは百歳になってから生まれた後継ぎのイサクを神に捧げるように要求されましたが、アブラハムは少しも躊躇せずに進んで捧げようとしました。ところがこれは神の試みだったのです。その試みに見事合格したアブラハムは、神から全地の支配権を子孫に与えるという契約を与えられます。でも普通の人間はこんな恐ろしい試みにとても合格できませんので、お祈りでキリスト教徒は毎日「試みに遇わせず、悪より救い出したまえ」と唱えているのです。

これは「神のための人間」という捉え方の典型です。「神のための人間」か「人間のための神」かというのが、実は大論争なのです。神観の問題では「権威主義的神観」と「ヒューマニズム的神観」の対立です。これをエーリッヒ・フロムの『ユダヤ教の人間観』（河出書房新社）のように、二者択一の問題にしてしまいますと、宗教間に和解の道はなくなります。この問題は、神と人間の断絶と合一の問題に置き換えられます。神と人間は絶対に断絶しているとしますと、人間は神の奴隷に過ぎないのです。でも宗教は人間が信仰するものですから、人間が救われない信仰や神が人間の願いを聞いてくれなくてもいいというような信仰は広がりません。宗教であるかぎり、たとえどんなに神中心主義にみえても、その神は人間のために存在しているというヒューマニズム的確信が無意識のうちに存在しているのです。つまり神と人間は絶対矛盾的でありながら、自己同一でもあるという関係が成り立っています。晩年の西田幾多郎は東西の宗教的和解の糸口を求めて、この問題と決死の覚悟で格闘したのです。

更に悪魔は非常に高い山の頂上から、世のすべての国々とその繁栄ぶりを見せて、こう誘惑します。

「『もしひれ伏してわたしを拝むなら、これをみんな与えよう』と言った。するとイエスは言われた。『退け、サタン。「あなたの神である主を拝み、ただ主に仕えよ」と書いてある。』そこで、悪魔は離れ去った。すると天使たちが来てイエスに仕えた。」（「マタイ伝」第四章8節～11節）

「ルカ伝」ではサタンにこう言わせています。

「国々の一切の権力と繁栄とを与えよう。それはわたしに任されていて、これと思う人に与えることができるからだ。だから、もしわたしを拝むなら、みんなあなたのものになる。」（「ルカ伝」第四章6～7節）

つまりこの世の権力や繁栄は悪魔の領分だと言うのです。神への愛や隣人への愛に基づく行動では、金と力を手に入れることは出来ないのです。ファウスト博士のように悪魔メフィストフェレスに心を売らない限り、サクセスストーリーは書けないのです。

権力を掌握したり富を蓄えたりするのには、政治の法則や経済の法則に従わなければなりません。マキャベリは『君主論』で、君主の資格として「ライオンの獰猛《どうもう》さ」と「狐の狡智《こうち》」が必要だとしました。そして政治はあくまで「力の論理」で動くものなので、宗教や倫理の基準で判断しては国を滅ぼしてしまうと警告しているのです。経済にしても、アダム・スミスは『国富論』で経済社会を構成する個人を、あくまで私的利害を追求する主体であり、しかもその主体は、最小の費用と犠牲で、最大の利益を獲得するように最も効率的に行動するホモ・エコノミクス（経済人）であると捉えています。その前提の下で経済学が成り立っているのです。

ユダヤの民衆の苦しみを目《ま》の当たりにして、その解放のために権力や富を手に入れようという考えも成り立ちますね。でもそれには悪魔に心を売らなければなりません。たとえ権力や富を手に入れたとしても、悪魔に心を売ったのなら、その権力や富を使って人民を幸福にしようとは考えないのです、だってその余裕はありません。更に強い権力や富を得なければ、権力どうしの争いや富者どうしの争いで生き残ることはできないからです。結局、大多数の弱者を食い物にした少数の強者による支配の図式は変わりません。

荒れ野の悪魔は、実はイエス自身の内心の葛藤《かっとう》を表現したものです。「荒れ野」という表現も物質的富が得られない環境と考えれば、貧しい民衆にとっては緑豊かなガリラヤだって荒れ野なのです。そうだとすれば断食は失業状態とも考えられます。そういう貧窮した状況では、それまで抑圧して来た意識が目覚めて来ます。きれいごとや建前だけではやっていけない、世の中結局、金と力だ、それらが無ければ何にも出来ない。金と力を得るには力の論理や権謀術数でのし上がらなければならない。そういう内心の悪魔の誘惑が切実な説得力を持つのです。

イエスでも自らの心の中に悪魔が住んでいたのです。神が神であるのは悪魔と戦っているからであり、心の中に神の国をうちたてるためには、自己を荒れ野での断食というぎりぎりの極限状況に追い詰めて、内心の悪魔をおびき出して、それに打ち克たなければならなかったのです。

第四章　ガリラヤでの伝道

ガリラヤでの伝道の開始

バプテスマのヨハネがガリラヤの領主ヘロデ・アンティパスの怒りにふれて投獄されていた頃、イエスはガリラヤに戻って伝道を始めます。それは内容的にはやはりヨハネの「神の国」到来運動を継承したもののだったようです。

「時は満ち、神の国は近づいた。悔い改めて福音を信じなさい。」（「マルコ伝」第一章15節）

「時は満ち」ということは、エデンの園で最初の男アダムと最初の女エバが、蛇の誘惑で罪に堕ち、「エデンの東」に追放されてから、審判の時までの直線的な歴史が終わるということです。イスラエルの苦難の現実は、いつ果てるとも知れないように見えていました。「神の国」が最も遠くにあると見えた時にこそ、実は「神の国」は最も近づいているのです。これは逆説的に聞こえるでしょうが、実はイエスの論理は「あべこべ論理」なのです。

イエスのガリラヤ伝道

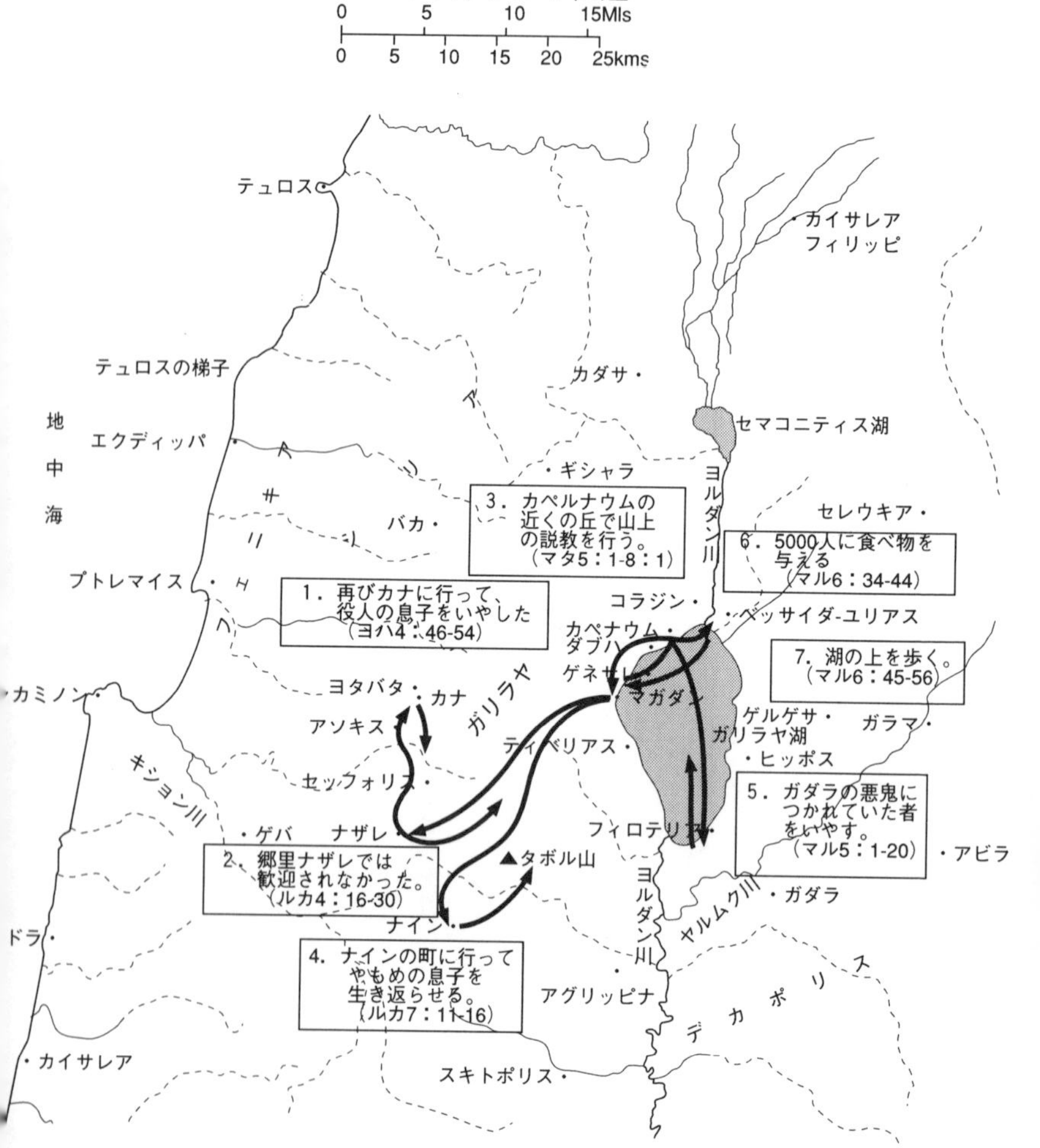

0 5 10 15Mls
0 5 10 15 20 25kms
テュロス
カイサレア
フィリッピ
テュロスの梯子
地中海
エクディッパ
カダサ
セマコニティス湖
フェニキア
ギシャラ
ヨルダン川
セレウキア
3．カペルナウムの近くの丘で山上の説教を行う。（マタ5：1-8：1）
バカ
6．5000人に食べ物を与える（マル6：34-44）
プトレマイス
1．再びカナに行って、役人の息子をいやした（ヨハ4：46-54）
コラジン
ベッサイダ-ユリアス
カペナウム
ダブハ
7．湖の上を歩く。（マル6：45-56）
ゲネサレ
カミノン
ヨタバタ
カナ
ガリラヤ
マガダン
アソキス
ゲルゲサ
ガラマ
ガリラヤ湖
キション川
ティベリアス
ヒッポス
セッフォリス
5．ガダラの悪鬼につかれていた者をいやす。（マル5：1-20）
ゲバ
ナザレ
フィロテリア
アビラ
2．郷里ナザレでは歓迎されなかった。（ルカ4：16-30）
タボル山
ガダラ
ヤルムク川
ナイン
ドラ
4．ナインの町に行ってやもめの息子を生き返らせる。（ルカ7：11-16）
アグリッピナ
デカポリス
カイサレア
スキトポリス

サルトルは『沈黙の共和国』[1]で、「われわれは、ドイツ人に占領されていた間ほど自由であったことはかつてなかった」という逆説を展開しました。ナチス支配下では、一つ一つの言葉が拷問や死の覚悟の上で発せられていたのです。まさしく自由というのは拷問や死に直面した時に最も活き活きと輝き真価を発揮するのです。

イスラエルの地の群れ（アムハーレツ）は、富や権力から最も遠くにいました。そのために文字も読めません。トーラー（律法）を守らないと救われないと言われても、その内容も分かりませんし、貧しいために安息日でも働かなければならなかったり、生きるためには時にはカッパライや売春などもしてしまいます。食事に当たって手を洗えという立派なしきたりも、水が貴重なだけに貧乏人にはとても守れません。そこで地の群れは罪の意識にうちひしがれ、とても救済など期待できないと絶望していたのです。

ヨハネの神の国運動が地の群れの熱い支持を獲得できたのは、バプテスマによって罪が洗い清められるというところにあります。そして本当に神の国が到来すれば、現在の貧しい、惨めな、虐げられた境涯から解放されるのですから、これほど有り難い話はありません。ただ不便なのは、ヨハネのバプテスマを受けるにはヨルダン河まで尋ねていかなくてはならないということです。それにひきかえイエスは、わざわざガリラヤまで出向いてくれるのです。

地の群れは最も神から見離されている存在に見えますが、富や権力とは無縁ですから、富や権力を維持するために悪魔に心を売る必要がないのです。ただひたすら神への愛と隣人への愛に生きるしかないわけです。その意味では、地の群れたちの心の中に既に「神の国」は到来している

アンドレア・デル・ヴェロッキオとレオナルド・ダ・ヴィンチ共作：キリストの洗礼

と言えます。ところが彼らは形式的なトーラー主義で見ますと、罪に汚れていると絶望しているので、「神の国」の到来に気づかないのです。

イエスはおそらくヨハネのようにバプテスマを授けて回ったでしょうが、なにしろ民衆は日々の生活で形式的なトーラー主義に囚われていますから、一時的な効力しかありません。そこで布教の決め手として、聖霊の力で悪霊を追い払うエクソシズム（悪霊払い）を考案したのです。

貧しい人々は幸いである

エクソシズムの話に入る前に、ガリラヤでの伝道の思想的な精華（エッセンス）を紹介しておきましょう。最も感動的な「山上の垂訓」のお話です。「山上の垂訓」はイエスのエクソシズムの評判を聞いて押し寄せた群衆に語ったのです。その逆ではありません。つまり「山上の垂訓」の話に感動した人々が押し寄せて、その人々に悪霊払いをしたのではないのです。とはいえ「エクソシズム」を理解するためにも、先ず「山上の垂訓」を分析しましょう。特に素晴らしい説教は「幸い」の説教です。

「心の貧しい人々は、幸いである、天の国はその人たちのものである。
悲しむ人々は、幸いである、その人たちは慰められる。
柔和な人々は、幸いである、その人たちは地を受け継ぐ。
義に飢え渇く人々は、幸いである、その人たちは満たされる。

憐れみ深い人々は、幸いである、その人たちは憐れみを受ける。

心の清い人々は、幸いである、その人たちは神を見る。

平和を実現する人々は、幸いである、その人たちは神の子と呼ばれる。

義のために迫害される人々は、幸いである、天の国はその人たちのものである。

わたしのためにののしられ、迫害され、身に覚えのないことであらゆる悪口を浴びせられるとき、あなたがたは幸いである。喜びなさい。大いに喜びなさい。天には大きな報いがある。あなたがたより前の預言者たちも、同じように迫害されたのである。」(「マタイ伝」第五章3節～12節)

この「幸い」の説教に関しまして、「心の貧しい人々」ではなく、「ルカ伝」の「貧しい人々」の方が正しいのではないかという論争があります。[2]「ルカ伝」の方が「あべこべの論理」がはっきりしていますから、原型に近いでしょう。


「貧しい人々は、幸いである、神の国はあなたがたのものである。

今飢えている人々は幸いである、あなたがたは満たされる。

今泣いている人々は幸いである、あなたがたは笑うようになる。

人々に憎まれるとき、また人の子のために追い出され、ののしられ、汚名を着せられるとき、あなたがたは幸いである。その日には喜び踊りなさい。天には大きな報いがある。この人々の先祖も、預言者たちに同じことをしたのである。

しかし富んでいるあなたがたは不幸である、あなたがたはもう慰めを受けている。

今満腹している人々、あなたがたは不幸である、あなたがたは飢えるようになる。

今笑っている人々は不幸である、あなたがたは悲しみ泣くようになる。

すべての人々にほめられるとき、あなたがたは不幸である。この人々の先祖も偽預言者に同じことをしたのである。」（「ルカ伝」第六章20節～26節）

「ルカ伝」では「貧しい人々」は「幸い」であるのに対して、「富んでいる人々」は「不幸」なのです。つまり今と来世では立場が逆転するわけです。そうでないと釣り合いが取れません。「貧しい人々」が、貧しさからやむを得ずこの世でトーラーを守れないために、神の国に入れないとしたら、貧しい人々はこの世でも来世でもずっと不幸だということになります。それに対して富んでいる人々はこの世では恵まれています。そしてトーラーの内容を知り、それを字句の上では形式的には遵守できるとしますと、そのお陰で来世も恵まれることになります。もし神がそんなに貧しい人々の不幸に鈍感だとしたら、そんな神を信仰しても仕方ないわけです。

「マタイ伝」では、「貧しい人々は」は「心の貧しい人々は」に変えられています。また「飢えている人々は」は「今義に飢え渇いている人々は」に変えられているのです。そして「富んでいる人々は不幸である」とか「満腹している人々は不幸である」というのがカットされています。

「ルカ伝」の形では、キリスト教は貧しい人々のための宗教ということになってしまいます。広範な人々に布教するには、富裕階級や地位の高い人々にも反感を買わないようにした方が得策だと思ったのでしょうね。富裕階級の人々にも布教できるように改ざんしたようです。

元々イエスは、ガリラヤの都市の繁栄に反比例する形の農村の窮乏化を憂えていたのです。そして司祭階級であるサドカイ派、都市富裕層からなるファリサイ派に対する激しい敵愾心《てきがいしん》を持っていたのです。そこで今苦しんでいる人々は神の国では幸福になれることを強調し、その反対に今楽をしている人達は、来世《らいせ》では不幸のどん底に落とされると警告しているのです。

この「ルカ伝」版「幸い」の説教は、貧しい民衆の魂を根底から揺さぶったのです。「貧しい人々は、幸いである、神の国はあなたがたのものである。今飢えている人々は幸いである、あなたがたは満たされる。今泣いている人々は幸いである、あなたがたは笑うようになる。」という説教を聞いて、貧しさに耐え、飢えに苦しみ、次々に襲う屈辱、災害、病苦、不幸の連続にずっと泣かされてきた民衆が、やっと世の光、救い主にめぐり会えた感動に胸が張り裂けそうになったに違いありません。

トーラー主義の考え方だと、神はトーラーを遵守する人々には栄光を与えて下さるはずです。またトーラーを遵守しなければ病苦や貧乏などの罰を与えることになります。だから今貧しく、飢えている人々は、自分の犯した罪によっていわば自業自得で苦しんでいることになります。そして貧しく飢えているために罪を重ね、来世においても苦しみぬかなくてはならないことになるのです。

しかし、イエスの神は、天の父なのです。ですから今貧乏で、飢え、悲しんでいる人々の苦しみを我が子のこととして、憐れんで見て下さっているはずなのです。ですから未来永劫に続く神の国においては、必ず幸福になれるはずです。それに対して今富んでいて満腹している人々、今笑っている人々は、来世では悲しみ泣かなければならないのです。神が天の父なら富んでいる人々の父でもあるから、彼らを不幸にするのはおかしいと思われますか。そう思われるなら、あなたもきっと富んでいて貧しい人々の苦しみに対して感覚が麻痺《まひ》しているのです。

天の父である神から見れば、人間たちはみんな兄弟姉妹です。自分の兄弟姉妹が貧しくて、飢えて、悲しんでいるのに、自分はその富を分けようともせず、自分のパンを分けようともせず、人が悲しみに涙していても、自分は平気で笑っていられるのですから、そういう無神経な者達には、来世でどんなに貧乏がつらいか、飢えが苦しいか思い知らせてやる必要があるのです。富んでいることを、自分の才覚や業績とだけ捉え、貧しさを当人の才覚の無さや怠けあるいは運の悪さと考えている人が、金持ちには多いんです。社会的な構造で、金持ち階級が貧乏人の階級を支配していて、その地位が逆転しないような仕組みができ上がっていることには無神経なのです。

社会全体の富が限られていますから、金持ちが金持ちであることによって、貧乏人は貧乏人にさせられているという仕組みになっています。それを全く他人の貧乏や不幸に自分は責任がないと開き直っているわけですから、始末におえません。神の罰が金持ち階級全体に下るというイエスの説教は、貧乏人たちの熱烈な共感を引き起こしたのです。イエスはこう語っています。

「はっきり言っておく、金持ちが天の国に入るのは難しい。重ねて言うが、金持ちが神の国に入るより、駱駝《らくだ》が針の穴に入る方がまだ易しい。」（「マタイ伝」第一九章23〜24節）

神の国に入るのにトーラーを遵守しているかどうかが、絶対的な基準ではなくなっているのです。この「幸い」の説教では、トーラーによって救われるのではなく、神の愛によって救われるのだということが、はっきりと宣言されているのです。

トーラーの完成

「わたしが来たのは律法や預言者を廃止するためだ、と思ってはならない。廃止するためではなく、完成するためである。はっきり言っておく、すべてのことが実現し、天地が消え失せるまで、律法の文字から一点一画も消え去ることはない。」（「マタイ伝」第五章17〜18節）

トーラーによって救われるのではなく、神の愛によって救われるのだと「幸い」の説教をしておきながら、「マタイ伝」は「幸い」の説教の少し後で律法について語り、一点一画もおろそかにできないと断定しています。他の福音書にはないので、「マタイ伝」の著者はキリスト教団の内部でもトーラーを最大限尊重すべきだとしていた保守派だったという解釈も成り立ちます。キリスト教団の中の主に異邦人に布教していたパウロ達に対抗していたのです。

もっともトーラーは元来が神が預言者を通してイスラエルに授けたものですから、尊重されてしかるべきものです。イエスがトーラーを軽視しているように取られるのは、キリスト教団にとって信用を落とすと考えたのでしょう。それにしてもトーラーの内容も時代や社会の変化によって、その根拠が希薄になってしまうものもあり、たとえ神の命令だったとしても、一点一画も変えられないという立場は頑固過ぎます。この律法主義的な説教が入っていることで、「山上の垂訓」全体の強烈なイロニー（逆説的な皮肉）がすんなりとは理解できないようになっています。しかし読み方次第では、いかにも頑迷な律法主義者のふりをしておどけていると読み取れないことはないのかもしれません。

あるいはトーラーが互いに矛盾する場合もあり、字句通り遵守するのは土台無理な話だとし、神への愛と隣人への愛を貫くことが全てのトーラーを成就《じょうじゅ》することになるというイエスの立場と照らし合わせますと、たとえ字句通り遵守していなくても、その字句の精神は成就していることになるということが言いたいのかもしれません。

腹を立ててはならない

「あなたがたも聞いているとおり、昔の人は『殺すな。人を殺した者は裁きを受ける』と命じられている。しかし、わたしは言っておく、兄弟に腹を立てる者はだれでも裁きを受ける。兄弟に『馬鹿』と言う者は、最高法院に引き渡され、『愚か者』と言う者は、火の地獄に投げ込まれる。」（「マタイ伝」第五章21〜22節）

モーセの『十戒』に「殺すなかれ」とあります。神は人間を自分に似せて作ったのですから、どれも自分の分身のような気持ちを持っています。ですから互いに争って殺し合うなどもっての他なのです。もちろん殺し合うのはいけないのですが、神の御心としては、いがみ合ったり、憎み合ったりするのもいけないはずです。互いの気持ちを思いやって、いつも仲良くすべきなのです。特に兄弟に腹を立てるのは天の父である神からすれば、けしからんことです。それでイエスは、「馬鹿」と言ったら死刑にするために最高法院にかけられ、「愚か者」と言ったら火の地獄だと言うのです。

「ギェ――――！馬鹿と言ったら死刑、そんな馬鹿な」と思われるでしょう。腹が立つのは生理的な要素が強いですから、なかなか理性で抑えられません。つい「馬鹿！」とか「愚か者！」とか「どアホ！」とか言ってしまいます。それだけで火の地獄なんて言ってたら、全員火の地獄行きです。このイエスの理屈でいけば、兄弟に対してだけでなく、当然隣人に対しても「馬鹿」とは言えません。それで敬虔《けいけん》なクリスチャンは、本当に「馬鹿」と言わないんです。だって火の地獄ですから恐ろしくて言えませんよね。でも心の中でおそらく「この馬鹿」なんて思っているでしょう。もちろん心の中で思ってもいけません。それでも極端に言ったら、死刑です。

神は、天の父として人間たちに仲良く助け合って暮らして欲しいので、「殺すなかれ」とか「憎むなかれ」とか「罵《のの》しるなかれ」とか教えて下さいます。その御旨《みむね》に叶うようにしなければ、トーラーを破ったことになるので、罰を受けるのです。ところでこの世の裁判では、罰にもたくさんの種類がありますね。殺人でも一人殺しただけではなかなか死刑になりません。もちろん「馬鹿！」と言っただけで死刑なんてとんでもないことです。ところが終末が来て、審判ということになりますと、楽園に入るか、煮えたぎる血の池に投げ込まれるか二つに一つなのです。

その場合、楽園か血の池かの分かれ目は何でしょう。それは神の御旨に叶っているかどうかです。それで腹を立てるのは、既に神の御旨に背いているので、みんな血の池しかないのです。それなら「幸い」の説教で貧しい人々は神の国に歓迎されると言ってたのは嘘になりますね。だって貧しい人々は、富んでいる人々に憎しみや恨みや妬みを激しく抱いていたでしょうから、心の中で何万遍も「こん畜生！」とか「馬鹿野郎！」と叫んでいたはずです。じゃあ一体イエスは何が言いたいのでしょう。次の教えも参考にして考えましょう。

姦淫する目は抉り出して捨てろ

「あなたがたも聞いているとおり、『姦淫《かんいん》するな』と命じられている。しかしわたしは言っておく。みだらな思いで他人の妻を見る者はだれでも、既に心の中でその女を犯したのである。もし右の目があなたをつまずかせるなら、えぐり出して捨ててしまいなさい。体の一部がなくなっても、全身が地獄に投げ込まれない方がましである。もし右の手があなたをつまずかせるのなら、切り取って捨ててしまいなさい。体の一部がなくなっても、全身が地獄に落ちない方がましである。」（同上27〜30節）

こんなことを言われてもだれも目を抉《えぐ》りだしたり、手を切り落とす人はいません。ですからイエスも本気で目を抉れとか手を切り落とせと言っているわけではないのです。「姦淫」がいけないなら、心の中で他人の妻に欲情するのもいけないということです。審判ではこれも神の御旨に反しているので、血の池に投げ込まれることになるのです。

もちろん他人の妻に、心の中だけにしても欲情を抱くのは不謹慎ですから、慎むべきです。でもつい欲情を抱いてしまえば、もう姦淫したも同じだから、本当に姦淫してしまえばよいのでしょうか。もちろんそんなことはありません。理性で抑圧して、はしたない行動に出るのを止めるのが正しいのです。では一体イエスは何が言いたいのでしょう。

イエスが言いたいのは、ゲヘナ（地獄谷）の血の池に投げ込まれるのが怖くて、トーラーを守ろうとする構えが、そもそも根本的に間違っているということです。もしゲヘナが怖いからトーラーを守るとすれば、腹を立てたり、心の中で欲情するだけでもゲヘナ行きだぞと脅かすことで、ゲヘナが怖くてトーラーを守ることがナンセンスだと悟らせているのです。

ユダヤ教（ヘブライズム）の神は契約神です。神はアブラハムと契約し、アブラハムの子孫がトーラーを守れば、全地の支配権を与えると約束したのです。孫のヤコブは神とレスリングをして神からイスラエル（神の兵士）の称号を与えられました。こうしてイスラエルはトーラーを守ることで栄光を獲得できるとされていたのです。それがイスラエルは古代ヘブライ王国の時に栄華を誇ったものの、分裂して弱小化し、ペルシヤ、ギリシア、ローマなどの大帝国に長期にわたって支配されました。それで民族としての世界支配よりも、個人の救済に重点が移り、トーラーを守れば、来世で神の国に入れるという信仰が中心になったのです。

イエスは、トーラーを守れば神の国に入れると信じて、それでトーラーを守っても決してトーラーを守ったことにもならないし、神の国にも入れないと悟ったのです。なぜなら神の国に入るために、隣人に親切にしても、それはあくまで自分が神の国に入るための親切ですから、自己愛からくる利己的な行為なのです。ですからそれは決して隣人愛のトーラーの実践とは言えません。それで隣人愛を装っているわけですから、神を欺く神への冒瀆にあたりますから、神を愛せという最重要なトーラーに背いているのです。

これではトーラーを守ろうとすればするほど、トーラーに背くことになってしまいますね。そこでとにかく神の国に入るためにトーラーを守ろうとすることを止めることです。その上で、トーラーを守るのは、あくまでそれが人のために大切な決まりだから守ろうとすることが大切なのです。トーラーは神との約束だから、神との約束を破れば破滅しかないと萎縮する必要はないのです。神は何も人間をゲヘナで苦しめるためにトーラーを授けたわけではありません。あくまでも神への愛と隣人への愛を貫くにはどうすればよいかを基本に、そのためにこそトーラーを活用すればいいのです。

離縁と誓いの禁止

妻を離縁する者は、神が結び付けた関係を切り離して、妻を別の男に結び付けるので、妻を姦通させることであり、逆に離縁された女を妻にすると姦通になるといいます。これも神の御旨を無視していることになるので離婚は好ましくないということなのです。でも愛がない結婚を無理に続けて家族を不幸にするのは、それこそ愛である神を冒瀆することになります。ですから離婚はいけないけれど、止むを得ない場合もあるのです。

また一切の誓いは神を冒瀆することになります。人間は将来必ずこうするとかこうなるとか断定できるはずはないのです。髪の毛一本すら自分の自由にできないのです。本当に髪が薄くなったり白くなったりで思うように行かないものですね。それなのに甘い計算で、君を必ず幸福にするから大船に乗ったつもりで、口笛を吹きながら付いてきてくれなんて口説いちゃって、一生騙された騙されたって不平を言われている人がいるようですね。

離縁や誓いは神を冒瀆する行為だから、その経験のある人はもう地獄行きが決まっているかもしれません。でもイエスに言わせたら、トーラーを守るのは何も地獄に落ちないためではないのです。間違いに気づいたら、その時に神に心から詫びを入れておけば、神は天の父ですから、あなたの悪いようにはしないはずです。

敵を愛し、自分を迫害する者のために祈れ

「あなたがたも聞いているとおり、『目には目を、歯には歯を』と命じられている。しかしわたしは言っておく。悪人に手向かってはいけない。だれかがあなたの右の頰を打つなら、左の頰をも向けなさい。(上着を奪い取る者には、下着を拒んではならない。求める者には、だれにでも与えなさい。あなたの持ち物を奪う者から取り返してはならない。人にしてもらいたいと思うことを、人にもしなさい。——「ルカ伝」)」(同上38〜39節)

キリスト教の絶対平和主義はこの教えからきています。[3]「目には目を、歯には歯を」の原理を

同等報復と言いまして、「やられたらやられた分だけやり返していい」という原理です。ほんとうはやられた悔しさを考えますと、倍ぐらい仕返ししないと気が済まないかもしれませんが、そんなことをしますと、仕返しされた方は余りにも酷すぎるということで、また仕返しすることになり、どんどんその規模がエスカレートして大虐殺や戦争に発展していきます。

同等報復だと一応争いが納まることが多いのですが、それでも敵意や恨みは残ります。また何かのきっかけで争いが再発する火種は残ったままです。それに対してイエスの「右の頬を打たれたら、左の頬を差し出せ」という原理は、相手の敵意を喪失させる効果があります。とはいえ、相手が逆らわないことをいいことにますます迫害を強くしたり、暴れまわったり、侵略する場合もありますから、この戦略で効《き》き目がある相手かどうかよく見定める必要があります。

それにトーラー主義批判との関連で読みますと、神の御旨に叶うには、「右の頬を打たれたら、左の頬を差し出せ」という極端なトーラーを守らなくてはならなくなるということです。だからそんなことはなかなか実践できませんから、みんなゲヘナ行きなのです。でもあなたが本当に神を愛し、天の父である愛の神を信頼しているのなら、ゲヘナに落とされるのが恐ろしくて、「右の頬を打たれたら、左の頬を差し出」すことはないのです。ただし「右の頬を打たれたら、左の頬を差し出す」ことが気高い行いであることはたしかですが。

「あなたがたも聞いているとおり、『隣人を愛し、敵を憎め』と命じられている。しかし、わたしは言っておく。敵を愛し、自分を迫害する者のために祈りなさい。（あなたがた憎む者に親切にしなさい。悪口を言う者に祝福を祈り、あなたがたを侮辱する者のために祈りなさい。
――「ルカ伝」）あなたがたの天の父の子となるためである。父は悪人にも善人にも太陽を昇らせ、正しい者にも正しくない者にも雨を降らせてくださるからである。自分を愛してくれる人を愛したところで、あなたがたにどんな報いがあろうか。徴税人でも同じことをしているではないか。自分の兄弟にだけ挨拶《あいさつ》したところで、どんな優れたことをしたことになろうか、異邦人でさえ同じことをしているのではないか。だからあなたがたの天の父が完全であられるように、あなたがたも完全な者となりなさい。」（同上、43～48節）

ユダヤ教では神への愛と共に隣人愛が強調されました。イスラエルの団結を強固にし、周囲の偶像崇拝やフェティシズムで神を冒瀆していると彼らが見なしていた異邦人を撲滅するためです。ですから「隣人を愛し、敵を憎め」とは言えても、「敵を愛し、自分を迫害する者のために祈りなさい」とは口が裂けても言えなかったのです。古代ヘブライ王国の時代には、「サウルは千を殺し、ダビデは万を殺した」と娘達が王の戦果を讃えながら踊り狂ったのです。当時は、まだ周辺諸国を武力で殲滅《せんめつ》する力があったのです。でもペルシア、ギリシア、ローマ等に征服されてからは、武力でユダヤを解放するのは非現実的になってしまいました。そこでイエスは「愛の解放戦略」を考案したのです。

神はイスラエルの栄光や個人の利己的な救済のためにトーラーを遵守するという構えのユダヤ人たちに、罰を与え、敵を強力にしてユダヤを征服させました。ガリラヤにはヘレニズム都市が繁栄し、エルサレムの神殿にはローマ皇帝旗が掲揚されようとしていたのです。こうしてユダヤがローマ世界に文化的にも飲み込まれかねない状況になっていたのです。

しかしローマ帝国にも宗教的な弱点がありました。パックス・ロマーナ（ローマの支配による平和）で地中海世界の統合を実現したものの、その世界を統合する統一的原理が宗教的には樹立されていなかったのです。ローマ神話はギリシア神話の焼直しで、人々は物語としてしか見なしていませんでしたし、皇帝信仰も民衆の帰依を集めることはできませんでした。

その点、ユダヤ教の万物の創造主にして唯一絶対の超越神であるヤハウェ信仰は大変魅力的だったのです。ただユダヤ教は選民であるイスラエルの民族宗教です。ユダヤ教への改宗は、言語的な障害や割礼《かつれい》といって陰茎《いんけい》にナイフを入れる儀式を受けなければならないなどのバリアが高かったのです。それでもイエスの時代には既に多くのユダヤ人が、パレスチナを出て、ローマ帝国の諸都市に離散していました。当時のユダヤ人の総数は三百万人から八百万人とみられ、その三分の二がパレスチナの外に住んでいたとされています。彼らは熱心にユダヤ教を信奉していたわけです。(4)

軍事的・政治的に弱小でも宗教的には優位に立つことができたのです。それがイエスの死後に起こったユダヤ解放戦争の原因にもなりますが、イエスは軍事的な解放は土台無理だし、あまり好ましいとも思っていません。万が一成功しても、それは一時的な解放に過ぎません。またより強力な軍事大国に征服されるに決まっています。それよりユダヤを征服した人々を宗教的に感化することによって、逆に世界をユダヤ化すれば、戦わずして世界を解放できるわけです。この戦わないで征服者を征服する仕方が「敵を愛し、自分を迫害する者のために祈りなさい」という愛の解放戦略に示されているのです。

実際、この愛の解放戦略が正しかったことは、ユダヤ解放戦争の敗北によって歴史が証明します。イエスは自らの身も心も霊魂も捧げ尽くして、弟子たちの中に復活のキリストとなり、弟子たちも復活体験によって、殉教を恐れないキリスト者としてローマ帝国に初期キリスト教団を築き上げました。使徒パウロは、ファリサイ派の熱心なユダヤ教徒で、キリスト教徒の弾圧の先頭に立っていましたが、「敵を愛し、自分を迫害する者のために祈りなさい」という愛の攻撃を受けました。自分が迫害し殺害までしてきたキリスト教徒に憎まれるどころか、愛され、憐れまれ、神に祈られたのです。それでパウロのキリスト教に対する憎しみのパワーが萎えてしまい、次第にキリスト教徒をそこまで導くことができたイエスへの尊敬と帰依の心が芽生えたのです。

ローマ帝国でもキリスト教は幾度も激しい弾圧に合い、おびただしい殉教者《じゅんきょうしゃ》を出しましたが、一度も宗教戦争に訴えることなく、イエスの愛の解放戦略を貫徹して、三世紀もかけて公認を勝ち取りました。憎しみの力よりも愛の力、信仰の力の方が強いことを実証したのです。そのことの歴史的意義は西暦二千年代を迎え、全面軍縮に向かわなければならない時代にあって、いくら強調しても強調しすぎることはないでしょう。

もちろんこの愛の解放戦略も、トーラー主義者のようにゲヘナに落とされないために実行するものではありません。神の御旨に沿って考えると、そこまで徹底すべきだということです。もちろん人間ですから神のように完全になれるはずはありません。大切なことは、憎しみではなく、愛に徹底することによってのみユダヤの解放も可能になるということを認識することです。このイエスの智恵に導かれて、キリスト教徒たちは自分たちを迫害し、殺す者たちを愛するという超人的な営みによって、ローマ帝国を征服することに成功したのです。

明日のことを思い悩むな

トーラー中心主義者は、結局神の審判が恐ろしいものですから、トーラーを何としても守ろうとし、自分の都合のよいように解釈してしまいます。しかし神は審判の材料としてトーラーを授けたわけではありません。イエスはゲヘナに落とされないためにトーラーを守るというユダヤ教徒のトーラーに対する姿勢が、神への愛に欠けているので、最もトーラーを蔑ろにしていることになると受け止めたのです。イエスのように神を天の父として愛するのなら、字句通りトーラーを守れなくても、神への愛と隣人への愛という二つの愛に基づいている限り、神に真心が通じないはずはありませんから、無闇に神を恐れ過ぎるのは、神の愛を信じていないことになります。神にすれば信頼されていないわけですから、トーラー中心主義者こそゲヘナ行きということになります。

神を信頼して生きるとしますと、二つの愛に自分を最大限に輝かせて生きればいいわけです。明日のこと、将来の生活のことをいろいろ心配して、人の何倍も稼いだりすることはありません。あまり無理に富を得ようとしますと、神はみんなに必要な分しか与えてくれませんから、富が一部に集中することによって沢山の貧しい人々を生み出してしまいます。そこでイエスによれば神は富者を好まれないのです。富は富者の主人であり、富者は富を原理にし、富に心を取られてしまい、富に仕えているので、神や人を愛することはできなくなっているのです。
　富者たちは自分が神や人を愛することができないので、神の裁きが怖くなり、トーラーを字句通り遵守することによって、明日の生活のみならず来世までも確保しようとするのです。そういう利己主義が隣人たちの生活を脅かすということを自覚していないのです。そこでイエスはこの世に富を積んだり、明日のために蓄えることを神への不信として非難しています。

「だから言っておく、自分の命のことで何を食べようか何を飲もうかと、また自分の体のことで何を着ようかと思い悩むな。命は食べ物よりも大切であり、体は衣服よりも大切ではないか。空の鳥をよく見なさい。種も蒔かず、刈り入れもせず、倉に納めもしない。だがあなたがたの天の父は鳥を養ってくださる。あなたがたは鳥よりも価値あるものではないか。あなたがたのうちだれが、思い悩んだからといって、寿命をわずかでも延ばすことができようか。なぜ衣服のことで思い悩むのか。野の花がどのように育つのか、注意して見なさい。働きもせず、紡ぎもしない。しかし言っておく、栄華を極めたソロモンでさえ、この花の一つほどにも着飾ってはいなかった。今日は生えていて、明日は炉に投げ込まれる野の草でさえ、神はこのように装ってくださる。ましてあなたがたにはなおさらのことではないか。信仰の薄い者たちよ。だから『何を食べようか』『何を飲もうか』『何を着ようか』と言って、思い悩むな。それらはみな、異邦人が切に求めているものだ。あなたがたの天の父は、これらのものがみなあなたがたに必要なことをご存じである。何よりもまず、神の国と神の義を求めなさい。そうすれば、これらのものはみな加えて与えられる。だから、明日のことまで思い悩むな。明日のことは明日自らが思い悩む。その日の苦労は、その日だけで十分である。」（同上、第六章25～34節）

野の鳥や野の花が自然の中で養われているということと、複雑な人間の社会生活を同列に並べて、「明日は明日の風が吹く」といったその日暮らしの風来坊生活を、最も御旨に叶っているかのように賛美するのには、呆れ返ってしまう人も多いでしょう。

当時のガリラヤにおける都市と農村の対立を考えてみてください。都市には異邦人が沢山流れ込んでいました。市場経済が発達し、蓄財をして、それを資本に郊外の農場を買収し、農村を収奪していたのです。それに反発してイエスはユダヤ人の寒村を巡って布教していました。貧しい農民たちは生活不安を抱え、将来のことがとても心配でした。農村でも蓄財をして、農地を拡大して富裕化する人もいましたが、大部分の農民はその日暮らしをやむなくしていたと思われます。

イエスの説教は貧しい農民や漁民たちの生活を「合理化」するものです。「合理化」というのは生活設計をきちんとして、効率的にしていくことではありません。精神分析学でいう「合理化」は、自我防衛機制の一種です。つまり自分が生きていることを肯定的に捉えられるように、無意識のうちに自分の今の生きざまを正当化することなのです。神の御旨に叶っているという形で合理化すれば、貧しい人々は大変癒されます。無意識のうちにイエスは自分たちの気持ちと通じているという連帯感が生まれます。

「神の国と神の義を求めなさい。そうすれば、これらのものはみな加えて与えられる。」というメッセージがポイントですね。「神の国」を構成するのはだれでしょう。「幸い」の説教では「貧しい人々」「飢えている人々」「泣いている人々」「柔和な人々」「義に飢え渇く人々」「憐れみ深い人々」「心の清い人々」「平和を実現する人々」「義のために迫害される人々」です。これらの人々の心に神への愛と隣人への愛が溢れて、神の国が作られるのです。

神の国は心の中にまず作られます。心の中に神の国を持つ人々が地上に神の国を作る運動を起こすのです。イエスはバプテスマのヨハネの教えを継いで神の国を作ろうと呼びかけを始めたのです。

「小さな群れよ、恐れるな。あなたがたの父は喜んで神の国をくださる。自分の持ち物を売り払って施しなさい。擦り切れることのない財布を作り、尽きることのない富を天に積みなさい。そこは盗人も近寄らず、虫も食い荒らさない。あなたがたの富のあるところに、あなたがたの心もあるのだ。」（「ルカ伝」第十二章32〜34節）

これは明らかに「神の国（仮名）」という共産主義的な共同体を作ろうとしていたのです。カファルナウムのガリラヤ湖畔に幾つかの家屋を入手して、全財産を投じて集まった弟子たちが共同生活をしていたと思われます。

没落の危機にあった小農民や漁民、都市貧民などは将来に希望が持てなかったので、イエスの「神の国」に希望を見いだして、なけなしの資産を処分して、集まります。イエスはかなりのブームを巻き起こし、「神の国」に参加した人々もかなり多かったと思われますが、やがてブームが鎮静しますと「神の国」を経済的に維持できなくなります。そこでイエスは後に詳しく展開する「人の子の肉を食べ、血を飲まなければ、永遠の命を得られない」と問題発言をして、分裂を誘い、大部分の弟子の脱退を招いたのです。

狭き門より入れ

「求めなさい。そうすれば、与えられる。探しなさい。そうすれば、見つかる。門をたたきなさい。そうすれば、開かれる。だれでも求める者は受け、探す者は見つけ、門をたたく者には開かれる。」（「マタイ伝」第七章7～8節）

「狭い門から入りなさい。滅びに通じる門は広く、その道は広々として、そこから入る者が多い。しかし命に通じる門はなんと狭く、その道も細いことか。それを見いだす者は少ない。」（同上13～14節）

「神の国」共同体がカファリナウムに存在し、そこで自給自足的生活をし、さまざまな教団活動のための修行が行われていたと思われます。そしてそこを拠点に、ガリラヤの各地や遠くは聖都エルサレムのあるユダヤの地にも、弟子たちは布教に派遣されていたのです。イエスの「神の国」運動の布教は、二本柱で行われています。一つは「山上の垂訓」にみられる説教です。これはバプテスマのヨハネやイエスの説教を弟子たちが暗誦《あんしょう》していて、民衆に語るのです。ただ棒読みでは駄目ですから、民衆の魂に響く話し方の訓練がなされたと思われます。もう一つの看板はエクソシズム（悪霊払い）の奇跡です。奇跡なしに信仰してくれれば楽なのですが、既成のユダヤ教がトーラーによる救いを表看板にしていた手前、イエス教団は、エクソシズムの奇跡を見せることで衝撃を与え、民衆の帰依をかちえていたのです。このエクソシズムの奇跡を起こすトレーニングが教団の本拠で行われていたはずです。

ちょっと待った、奇跡をトレーニングで行えるはずはありませんね。奇跡は、あくまでも聖霊の力で行われたはずです。トーラーの遵守によって救われるのではなく、イエスというメシアの聖霊の力によって救いがもたらされるというのが、イエス教団の根本教義なのです。でも果して何のトレーニングもなしに、イエスやイエスの弟子たちは悪霊退散や病気治癒《ちゆ》などの奇跡ができたのでしょうか。

奇跡と奇術の違いは何でしょう。奇跡には種がありませんが、奇術には種があります。それを知っているのは、不思議な技を行っている当人だけでして、見た目にはどちらも同じです。ただ奇術が後に宗教から分離して、芸能として商売になりますと、種があることが観客にも前提の奇術になったのです。宗教の奇跡には全部種がなかったのでしょうか。

自分が信仰している宗教の奇跡は種がないと信じている人も、他宗教が行う奇跡には種があるに違いないと思っている身勝手な人も多いようです。

第五章　悪霊退散のパフォーマンス

悪霊役者の誕生

　イエスが最初に奇跡を行ったのは「ヨハネ伝」によればカナでの婚礼です。そこでワインが足らなくなったので、客として招かれていたイエスが水をワインに変えたのです。水をワインに変えたのが奇跡だったか、それとも奇術だったかは、もしイエスが奇跡を行う能力があったとすれば奇跡だったのであり、そうでなければ奇術だったことになります。そうしますと後はイエスを神の子と信じるかどうかの問題になります。

　イエスは処女降誕で生まれたのではないにしても、イエス自身がイエスに聖霊が宿っていると信仰していたことは確かです。そしてこの聖霊の力で民衆を救うことができると信じていました。しかしイエスに聖霊が宿っているということを民衆が信じなければ、民衆から悪霊を退散させて、民衆を救うことはできません。民衆の帰依を集めるためには、イエスが奇跡を行ってみせる必要があったのです。水がめをワインの入ったかめとすり替えるのは、とても一人ではできませんが、数名の弟子たちと手筈を整えておいて行えば、できないトリックではありません。実はこの婚礼

ゴヤ：悪魔にとりつかれた男の最期を厄払いするボルシアの聖フランシス

には弟子たちも同行していたのです。

「一行はカファリナウムに着いた。イエスは、安息日に会堂に入って、教え始められた。人々はその教えに非常に驚いた。律法学者のようにではなく、権威ある者としてお教えになったからである。そのとき、この会堂に汚れた霊にとりつかれた男がいて叫んだ。『ナザレのイエス、かまわないでくれ。我々を滅ぼしにきたのか。正体は分かっている。神の聖者だ。』イエスが『黙れ、この人から出て行け』とお叱りになると、汚れた霊はその人にけいれんを起こさせ、大声をあげて出て行った。（悪霊はその男を人々の中に投げ倒し、何の傷も負わせずに出て行った。――「ルカ伝」）人々は皆驚いて、論じ合った。『これはいったいどういうことなのだ。権威ある新しい教えだ。この人が汚れた霊に命じると、その言うことを聴く。』イエスの評判はたちまちガリラヤ地方の隅々まで広まった。」

最初のエクソシズム（悪霊退散）の奇跡を行ったのはカファリナウムのシナゴーグ（会堂）であったことは、「マルコ伝」と「ルカ伝」で共通しています。「律法学者のようにではなく、権威ある者としてお教えになった」とありますね。律法学者は『旧約聖書』の「創世記」「出エジプト記」「レビ記」「民数記」「申命記」のモーセ五書などを読み聞かせ、そこから教訓を引出し、守るべきことを教えるのです。ところがイエスはバイブルの権威に頼らず、直接自分の言葉で人としてどう生きるべきかを説教されたわけです。だから自分自身に権威があるかのように語ったわけです。当時はそういう説教ができるだけの権威ある人はいなかったのです。それで人々は非常に驚きました。

もしそれだけで終わっていたら、バイブルを無視した生意気な説教師として反感を買っていたかもしれません。「権威ある者」として話すなら、権威の根拠を示す必要があったのです。それでエクソシズムを実演しました。エクソシズムを行う以上イエスは聖霊を宿していることになるからです。

でもエクソシズムも一人ではできません。その記事の前にあるのが漁師たちを弟子にしたという記事です。そこでわたしは、エクソシズムの奇跡を行うために、ひょっとしたら弟子が必要であったのではないかと思ったのです。悪霊を退散させるのは聖霊の力ですから、別に助手は必要ないはずですね。でもイエスが悪霊に患者から出ていけと叫んで、実際に追い出したとしても、果してそれを見ていた患者やギャラリーたちは信用するでしょうか。

実は聖霊も悪霊も、人間の目には見えない存在です。ですからエクソシズムの儀式をしたところで、みんな半信半疑になってしまいます。それでは効き目もあまり期待できません。とくにノイローゼや躁鬱《そううつ》病などの精神疾患や自律神経の失調などが体調不良の原因の場合は、悪霊が退散する姿を見ないことには、なかなか体調の回復は望めません。そこでイエスはこの実際は目に見えない悪霊を見せることによって、患者やギャラリーを納得させ、イエスに聖霊が宿っていることを実感させようとしたのです。

「悪霊を見せる」なんて奇怪《おか》しいと思いませんか、だって悪霊は人間には見えないはずなんですから。でも不思議なことに福音書の悪霊は、衆目の前で追い出されているのです。その姿をみんな見ているんです。この例では、悪霊の姿が目にはっきり見えたかどうかは断言できませんが、少なくとも悪霊は、イエスに向かっていろいろ叫んでいます。ですからだれかが悪霊役者になって、叫んでいると想像できます。患者のそばで弟子が腹話術で悪霊を演じていた可能性も考えられます。あるいはもっと大胆に、患者役の弟子から、悪霊役の弟子が追い出されてくる有り様を、トリックを使って見せたことも想像できます。悪霊がイエスの事を「正体は分かっている。神の聖者だ。」と叫ぶところなどは、わざわざイエスの宗教的なＰＲをしてやっているようなものですから、いかにも弟子が悪霊に成りすましていることが見え見えです。

悪霊は豚の群れに飛び込んだ

悪霊が見えたと思われる共観福音書の全てに共通した有力な例があります。悪霊に取りつかれたガダラ人が二人やってきます。とても狂暴でだれも近寄れません。彼らはイエスの所へ来ると、突然「神の子かまわないでくれ。まだ、その時ではないのにここへ来て、我々を苦しめるのか」と叫んだのです。そしてはるかかなたの豚の群れを指して「我々を追い出すのなら、あの豚の中にやってくれ」とイエスにお願いしたのです。そこで「行け」とイエスが命令しますと、悪霊は彼らから出て、豚の中に入ります。すると驚いた豚の群れは暴走し、湖になだれ込んで、水死してしまいます。豚飼いたちは逃げだし、町に行って事情を話しますと、町中の者が、イエスの悪霊払いは大変迷惑だということで、ガダラ人の地方から追放されます。

これも悪霊が見えなかったとしますと、「行け」とイエスが命令したとたんにガダラ人役が倒れ、予め豚の群れの側で待機していた弟子が豚を暴走させたとも考えられます。でも私は悪霊を見せたという仮説を立てています。バプテスマのヨハネが聖霊を鳩として見せたように、悪霊役者を養成して、取りつかれた人から見事に出て逃げていくように見せたと考えた方が、民衆を引きつけたと思います。そして悪霊芝居によって教団の秘密を共有したエリート集団が十二使徒を構成したと思われます。次の十二使徒に関する文章から推察がつきます。

「イエスは十二人の弟子を呼び寄せ、汚れた霊に対する権能をお授けになった。汚れた霊を追い出し、あらゆる病気や患いをいやすためであった。十二使徒の名は次のとおりである。まずペトロと呼ばれるシモンとその兄弟アンデレ、ゼベタイの子ヤコブとその兄弟ヨハネ、フィリポとバルトロマイ、トマスと徴税人のマタイ、アルファイの子ヤコブとタダイ、熱心党のシモン、それにイエスを裏切ったイスカリオテのユダである。」（「マタイ伝」第一〇章1〜4節）

人間をとる漁師に成れ

私がエクソシズム（悪霊払い）がどうも芝居がかっているのではないかと感じたのは、最初のカファリナウムのエクソシズムのパフォーマンスの記事の直前の記事が、漁師を弟子にする話だったからです。漁師たちを使って何かしたと勘繰ってしまったのです。キリスト教徒からすれば、そんな不信仰な勘繰りはイエスに対するとんでもない冒瀆だと思われるかもしれません。そういう邪推をせずにそのままエクソシズムを信仰することが正しいでしょうか。私の不信仰な邪推を非難する当のキリスト教徒が、エクソシズムをまともに信仰しているでしょうか。

悪霊が入ると、狂暴になったり、落ち込んだり、精神錯乱に陥ったり、体調が狂わせられたりするそうです。悪霊は取りつくものですから、聖霊によって追い払われることになっています。でも現在のキリスト教の神父が精神錯乱をしているような人に向かって、悪霊が取りついているといって、悪霊払いをするという話はほとんど聞きません。ではそのようなキリスト教徒は現在の精神錯乱は精神病だけれど、イエスの時代は悪霊が入ったせいだったと思っているでしょうか。それでは首尾一貫しませんね。

現在の啓蒙的なキリスト教徒は、イエスがエクソシズムの奇跡を行ったとしても、それは悪霊のせいで心身が故障していると思っている人に対して、相手の意識に合わせて行っただけだと考えているようです。あるいはイエスは悪霊退散などしていないけれど、イエスを神格化するうちに、イエスには悪霊を退散させる力が聖霊によって与えられていたという話がイエス死後、教団の中で創作されたと推理しているのです。また民話になっていた各地のイエス伝説を蒐集したので、悪霊が見えたような迷信的な話になったという解釈もあります。

しかしエクソシズムはイエスが命懸けで決断したパフォーマンスだったのです。もしこれが失敗しますと、偽メシアとして殺されるところでした。迫真の演技で悪霊の存在感が出せたので、爆発的なブームが起こったのです。イエスは自らに聖霊が宿っていることには確信がありました。それで悪霊追放は聖霊の力で行えると信仰していたのです。

他の偽メシアと呼ばれた人にも、エクソシズムを実行して失敗した人がいたかもしれません。そういう人は自分が聖霊を宿す特別な存在だという自負を抱いていました。ですからエクソシズムができると、勝手に思い込んでいたのです。それでどうしても詰めが甘くなったのでしょう。イエスの天才は、エクソシズムを容易に信じない民衆に、目に見える姿にして信じ込ませたことです。それも下手にしますと民衆を騙していることになりますので、徹底的なトリック演技の訓練をしておいたところに成功の秘訣《ひけつ》があるのです。

もちろん悪霊退散劇に悪霊役を演じてやろうという人はそうは簡単に見つかりません。これは舞台でのお芝居ではなくて、いわば真剣勝負ですから、ばれちゃったら殺されることは覚悟の上です。それを人に騙されることはあっても騙すことは決してない素朴なガリラヤ湖畔の漁師が演じるのですから、とても引き受けられるはずはありません。イエスは魚を罠にかけて捕まえる漁師を見て、「人間を取る漁師に成れ」と言いましたが、魚を嵌《は》めるのとはわけが違いますからね。それに悪霊役を使って民衆を騙すみたいで、すごく罪深い行為に思えます。ですからこの話は簡単には引き受けなかったはずです。

「イエスは、ガリラヤ湖のほとりを歩いておられたとき、二人の兄弟、ペトロと呼ばれるシモンとその兄弟アンデレが、湖で網を打っているのをご覧になった。彼らは漁師だった。イエスは『わたしについて来なさい。人間をとる漁師にしよう』と言われた。二人はすぐ網を捨てて従った。そこから進んで、別の二人の兄弟、ゼベダイの子ヤコブとその兄弟ヨハネが、父親のゼベダイと一緒に、舟の中で網の手入れをしているのをご覧になると、彼らをお呼びになった。この二人もすぐに、舟と父親を残してイエスに従った。」（「マタイ伝」第四章18〜22節）

「すぐ網を捨てて従った。」というのはあり得ません。これはイエスにいかにも後光がさしていて、一見メシアと分かるようだったと言いたいのです。ユダヤ人はみんな自分のことをイスラエルつまり「神の兵士」だと思っています。ですからいつも神からお呼びがかかるのを待っているのです。メシアが現れれば、メシアのためにいつでも自分の命を差し出せるのです。神のこと、メシアのことが何より優先されますから、すぐに網を捨てられますし、父や舟を置いていけるのです。

イエスの説得

ところで突然イエスがガリラヤ湖畔に現れて、ついてこいと言われても、本物のメシアかどうか分かりませんので、そう簡単にはついて行けません。特に悪霊退散のいかがわしい印象を受ける話ですので、なかなか説得は難しかったはずです。何日も何十日もかけて説得したのでしょう。全く私の想像ですが、シモンたちには次のように言って説得したものと思われます。

「シモンさん、アンデレさん、ガリラヤはいい所ですね。緑は豊富ですし、湖からは魚もとれます。それに比べてユダヤの土地は荒れ野が多くて、湖だって塩が濃すぎて魚が住めません。

んだそうですが……。

もっともユダヤも遠い昔は荒れ野はほとんどなくて緑と乳と蜜のしたたる土地と言われていた

ところでガリラヤも住みづらくなりましたね。祖父さんの話では、祖父さんが若い頃のガリラヤはお金はなくても、みんな豊かに暮らしていたそうですね。でも今のガリラヤは重税で苦しめられています。セッフォリスやティベリウスなどギリシアやローマ風の大都会の建設が盛んですからね。それに伴って道路や水道作りにも大変な資本が投下されています。お陰で農民は重税が払えなくて借金をかかえ、土地を大農園主に奪われていっています。その上、聖都のエルサレム神殿からは収入の十分の一を税として納めるように要求されています。これを納めないと審判時に神を軽んじた罪でゲヘナ（地獄）に落とされるとファリサイ派の説教師たちは警告しているのです。

イエラエルの民がローマやローマの傀儡《かいらい》の支配下で苦しめられているのに、まだその上に民衆から絞り上げようという神がいるのでしょうか。民を貧乏のどん底で苦しめて喜ぶ神なんて信じてなんの益があるんでしょう。私たちはイスラエルの民を苦難から救って下さる救いの神を信仰しているのです。

セッフォリスやティベリウスなどが栄えれば栄えるほど、ガリラヤの人々の生活は沈み込んでるじゃないですか。疫病がはやり、癩《らい》病の人もよく見かけます。長血で苦しむ女の人も多いですよ。精神が錯乱して狂暴になっている人や、落ち込んで口が聞けなくなった人も見かけます。その原因がなんだか御存知ですか。ガリラヤにギリシアやローマの文化が氾濫《はんらん》し、その下で酷《ひど》い収奪が続いている中で、ユダヤの心が傷つき弱まっています。それで、この約束の地に宿っている聖霊の働きも弱ってきて、悪霊がはびこりだしているんです。多くの人々が悪霊にとりつかれたという噂を聞いているでしょう。

私はバプテスマのヨハネに洗礼を受け、彼の下で修行しました。最後に荒れ野で五十日の断食をして、悪魔の誘惑を退け、天のお父《とう》から聖霊を授けられたのです。その聖霊の力で悪霊を払いガリラヤの人々を不幸から救い出すように、天のお父から命令されてやってきたのです。だからもう大丈夫です。ガリラヤの地は必ず命を取り戻します。ただね、まだまだクリアしなければならない問題があるんです。

私が聖霊の力で悪霊を追い払っても、そのことを悪霊にとりつかれていた人が信じなければ、また悪霊が入り込んでしまいます。私に聖霊が宿っている事を信じ、聖霊が悪霊を追い払う力があることを信じてはじめて、悪霊が入り込まなくなるのです。でも残念な事に私が悪霊を追い払っても、だれもその事を信じません。なぜなら聖霊も悪霊も目には見えないものだからです。ですから私が勝手にとりつかれた人相手に、怒鳴っているようにしか見えません。それで『はい追い出しました』と言ってもだれも信じないでしょう。

もし悪霊が目に見えたらどうでしょう。悪霊が口が効《き》けたらどうでしょう。そして悪霊たちが聖霊の力で実際に追い出され、逃げていくのを見たら、だれでも悪霊や聖霊の力を信じてしまうはずです。それを見事に演じる人がいれば、いいんですがね。そうすれば、ガリラヤの地に聖霊があふれ、疫病が治り、癩病の人もすべすべの肌に戻ります。女たちの長血も止まって、元気な子供が生まれます。精神が錯乱して狂暴だった人も温和になり、落ち込んでいた人々が元気に明るく話せるようになります。

そして悪霊から解放された人々、貧しい人々、悲しんでいる人々、義に飢えている人々、平和を作りだそうとしている人々を集めて、このカファリナウムに一緒に『神の国』を作りましょう。そうすればきっと我々の『神の国』に神はいてくださいます。ほらイスラエルを率いて荒れ野に出たモーセたちの幕舎には、いつも神がいて下さったじゃないですか。

ええ、そんな悪霊を演じるなんてできっこないって、ごもっともです。ユダヤにはお芝居をするという伝統はありませんからね。でもご心配はご無用です。わたしはセッフォリスの大劇場作りを大工として手伝いました。その関係でたくさんのギリシアの劇というものを観ました。どうすれば本物の悪霊を演じられるか、指導できます。なに？　悪霊なんて悪者を演じるのは嫌だって？　このパフォーマンスは悪霊役が成功するか失敗するかにかかっています。もし人間が悪霊を演じているとばれますと、民衆を騙したとして皆殺しにされることは避けられません。でも成功すれば『神の国』が打ち立てられ、全イスラエルに拡大する土台が築かれるのです。あなたの決意に全ユダヤの解放がかかっているのです。いよいよ歴史があなたの登場を待っています。これからの歴史はガリラヤの私たちを中心に動きはじめるのです。」

こんなことを話されても、どうせ詐欺師《さぎし》だろうとしか思わないのが普通ですが、ガリラヤの湖での漁師稼業も次第にじり貧になってきていたのです。重税で農民の生活が脅かされ、大農園経営が広がりますと、奴隷化した農業労働者たちは生産意欲がなくなり、土地の滋味も衰えます。「森は海の恋人」という言葉がありますが、森や農地は湖に適度な栄養分を供給します。それが湖の魚を育てていたのですが、農業の荒廃のせいで、魚の繁殖が弱くなり、不漁続きだったのです。漁師を続けていく見通しが暗かったことが、彼らの踏ん切りの背景にあったのです。でもやはりイスラエルの血がイエスの言葉によって騒いだのです。自分の決意次第で、世界の運命が決められるかもしれないのです。こんなチャンスは、おそらく二度とはないと思えたのです。

悪霊役者の養成

イエスはペトロと呼ばれたシモンとアンデレ兄弟、ヤコブとヨハネ兄弟とシモンの家に籠もって、徹底的に訓練しました。何故シモンの家だと分かるのかと言いますと、「マルコ伝」と「ルカ伝」によりますと、最初のカファルナウムの会堂での悪霊払いが成功した後、シモンの家に集まっていますから、その可能性が高いのです。

そこでも人目がありそうだったら、人気の無いところに小屋を建てて、合宿して訓練したのです。「マルコ伝」では、シモンの家に泊まって、未明に起きて、「人里離れた所」へ出ていき、そこで祈っておられたことになっています。それでそこに拠点があったと推理できます。

悪霊にとりつかれた人がどんな悲しみや苦しみを持って、どんな表情をするのか、悪霊はメシアをどんなに恐れ、どんな叫びを発するか、互いに相手の演技を批評しあって、迫真の演技を造り上げました。まさしく命懸けの猛特訓です。互いに少しの妥協も許されません。漁師たちは悪霊を演じることに対して、民衆を騙すことではないかといううしろめたい気持ちを抱いていますから、演技がどうしても中途半端に終わりがちです。はじめはばれた時にどんな目に遇わされるかと思うと、恐怖心で足が竦《すく》み、声も出なかったでしょう。

「世に救いをもたらすことなのに、あなたたちはまるで神の前に引き出された罪人のように怯えているじゃないか。私が天のお父を信じているように、あなたたちは聖霊の救いを信じなさい。神がご自分に似せて作られた人間を愛されているなら、きっと私たちの力になって下さるに違いない。」

このように、イエスは厳しく諭したと思われます。

悪霊に演劇性を指摘するなら、悪霊によって病気になったものでなくても、イエスは治療していますから、そういう治療もお芝居だったことにならないか、というキリスト教徒からの疑問が私に寄せられています。ごもっともな疑問です。心因性のものは、悪霊を払えばなんとかなるのですが、そうでない場合は、悪霊払いで一時的に治った気持ちでいても、また悪化します。現実には薬も与えていたかもしれませんね。宗教家と医者の区別と言っても明確じゃなくて、祈祷と投薬の両方を用いていたと考えられます。そしてイエスの裾《すそ》に触れただけで治った奇跡話は、余程心因性の病気だったか、演劇的なものだったかのどちらかでしょう。病気治療についても、患者の心証を良くするために、さくらを使って良くなる希望を持たせると、治療効果も期待できます。

もっともイエスは聖霊の力で治療するというのがあくまでもメインでして、悪霊芝居やさくら治療ばかりだったということはありません。それではイエスブームにはならなかったでしょう。イエスのめざましい治療面での活躍があったのでブームになったと捉えるべきです。

罪人を招くために来た

「イエスがその家で食事をしておられたときのことである。徴税人や罪人も大勢やって来て、イエスや弟子たちと同席していた。ファリサイ派の人々はこれを見て、弟子たちに『なぜ、あなたたちの先生は徴税人や罪人と一緒に食事をするのか』と言った。イエスはこれを聞いて言われた。『医者を必要とするのは、丈夫な人ではなく病人である。「わたしが求めるのは憐れみであって、いけにえではない」とはどういう意味か、行って学びなさい。わたしが来たのは正しい人を招くためではなく、罪人を招くためである。』」（「マタイ伝」第九章10～13節）

トーラーを守っていれば、神の国に入れると信仰し、そのためにトーラーの言葉を金科玉条のようにして守っても、駄目なのです。自分が神の国に入るために他人に親切にしても、それは自分のためにしたことですから、決して隣人愛のトーラーを実践したことにはならないのです。自分のことを善人だと思っている人は、自分はトーラーを忠実に守っていると思っている人です。ファリサイ派の律法学者たちは、実生活ではあくどい商売をしていながら、神の国に入るために、慈善事業に儲けのほんの一部を寄付して、自分が隣人愛の化身《けしん》のように思い込んでいる場合が多いのです。

それに対して罪人の自覚のある人は、神の国に自分の行いではとても入れないと思っていました。それでイエスに帰依して、メシアの聖霊の力で罪を帳消しにしていただき、神の国に入れてもらうしかありません。イエスをメシアと認め、イエスのために手足となって働いてくれるのは、むしろ罪人の自覚のある人々なのです。

徴税人は、集めた税の上前をはねて稼いでいる者ですから、ローマ権力の手先になり、人々を収奪して、ユダヤ民族を裏切っていると思われていました。それからイエスの許には売春婦も救いを求めてきます。様々な犯罪を犯した経験のある者も、イエスを頼ってきたでしょう。彼らはイエスのところへしか行けないのです。トーラー中心主義の律法学者だと犯罪者の烙印《らくいん》を押して、呪《のろ》いの言葉を投げる他何もできません。それに対してイエスは百匹の普通の羊の世話を焼くより、一匹の迷える子羊を救うほうが大切なことと考えていますから、「神の国」に温かく迎え入れたのです。

それにイエスは、罪人たちを「神の国」運動で大いに活躍させました。おとなしくて善良な性格の人では、悪霊役者はとてもつとまりません。様々な修羅場《しゅらば》を経験してきた犯罪歴のある人達の方が、見事に悪霊役をやり遂げることができたのです。現代のキリスト教会では日曜日ごとに集う信者たちは、日頃はどんな生活をしているかは分かりませんが、日曜日の教会では善意の固まりみたいな人達ばかりです。そこからはとてもイエス教団の個性的で修羅場を潜ってきたようなアクの強い容貌の集団は、想像がつきません。

メシアによる救い

もちろんイエスの治療もたくさん失敗していると思います。でもそれをイエスの側では失敗とは認めなかったでしょう。ただ治療してもらってありがとうでは駄目です。治療には当然見返りがあるのです。それがイエスに帰依するということです。帰依する気持ちもないのに、病気だけ取り除いてもらおうとしても、うまくいくはずはありません。逆に言えば、治療がうまくいかないと、不信心なので治せないということになります。ですから熱心に帰依している人が、病気が治らない原因を自分のいわれない不信心のせいにされたのではたまりませんから、治ったと思い込もうとします。「病は気から」という諺もありますから、それで良くなる例もあったでしょうが、一時的に良くなっているように見えても、後から重くなってしまうこともあったでしょう。それでトラブルを起こしますと、不信心の烙印《らくいん》を押されますから、イエス教団と決別することになります。

悪霊退散や病気の奇跡的な治癒を行うのは、人間業ではありませんね。人間には人間の限界があるはずです。これ以上すれば、それはもう神の領域を侵しているということがあるのです。それは人なのに神のように振る舞うことであり、神の紛《まが》い物、つまりアイドル（偶像）なのです。唯一絶対神信仰では、神は超越的であって、内在するものではないのです。メシアが「人の子」と呼ばれていたのも、「神の子」ではないからです。ですからメシアは神の力を示すだけでして、それはメシア自身の力ではないのです。

ところがイエスの場合、人の子でありながら、聖霊を宿しているということになり、この聖霊の力で救いを行ったわけです。つまり地上の神として振る舞っていたことになります。トーラーによる救いに対置して聖霊あるいはメシアによる救いを打ち出しますと、結局は、天の父への信仰を説きながらも、地上においてはイエスが神に取って代わろうとしているかの印象を与えたことは否《いな》めません。これではユダヤ教に対する根幹的否定と受け止められても仕方ありません。

「イエスが御言葉を語っておられると、四人の男が中風《ちゅうぶ》の人を運んできた。しかし群衆に阻まれて、イエスのもとに連れて行くことができなかったので、イエスがおられる辺りの屋根をはがして穴をあけ、病人の寝ている床をつり降ろした。イエスはその人たちの信仰を見て、中風の人に『子よ、あなたの罪は赦《ゆる》される』と言われた。ところが、そこに律法学者が数人座っていて、心の中であれこれと考えた。『この人はなぜこういうことを口にするのか。神を冒瀆している。神おひとりのほかに、いったいだれが、罪を赦すことができるだろうか』イエスは彼らの心の中で考えていることを、御自分の霊の力ですぐに知って言われた。『なぜ、そんな考えを心に抱くのか。中風の人に「あなたの罪は赦される」と言うのと「起きて、床を担いで歩け」と言うのと、どちらが易しいか。人の子が地上で罪を赦す権威を持っていることを知らせよう。』そして中風の人に言われた。『わたしはあなたに言う。起き上がり、床を担いで家に帰りなさい』その人は起き上がり、すぐに床を担いで、皆が見ている前を出て行った。人々は皆驚き、『このようなことは、今まで見たことがない』と言って、神を賛美した。」（「マルコ伝」第二章2～12節）

「ルカ伝」ではこの後に「そして恐れに打たれて、『今日、驚くべきことを見た』と言った」と続いています。この恐れはイエスに神への挑戦を感じ取ったからです。イエスに対する律法学者の疑問「神おひとりのほかに、いったいだれが、罪を赦すことができるだろうか？」に対して、イエスは「人の子が地上で罪を赦す権威を持っている」こと、そして奇跡をおこなう権威も持っていることを見せつけたのです。既成のメシア観では、メシアが「人の子」である以上、人間としての限界を持っていたのです。イエスは大胆にもメシアには神が聖霊としてみそなわすのであり、地上における神として振る舞うことができるのだと主張したのです。

これは天の父としての神に対する子なる神の宣言にも等しいわけです。後にキリスト教では「父なる神」と「子なる神」と「聖霊なる神」が三位一体だということになりますが、イエスの在世時代には唯一神信仰への挑戦だと受け止められたはずです。ユダヤではこれを神に対する冒瀆と感じない方がよほど宗教的には鈍感です。よくイエスは罪なくして十字架につけられたと言いますが、それは後のキリスト教の教義から見て罪がないだけです。イスラエルでは唯一神信仰の否定や自らを神格化することほど神への冒瀆はなく、神への冒瀆にまさる罪は当然ないわけです。

人の子は安息日の主である

「あなたたちはわたしの安息日を守らなければならない。それは代々にわたってわたしとあなたたちとの間のしるしであり、わたしがあなたたちを聖別する主であることを知るためのものである。安息日を守りなさい。それはあなたたちにとって聖なる日である。それを汚す者は必ず死刑に処せられる。だれでもこの日に仕事をする者は、民の中から断たれる。」(「出エジプト記」第三一章13～14節)

「安息日には、あなたたちの住まいのどこででも火をたいてはならない。」(同上第三五章3節)

トーラーの中でも、安息日のトーラーはとても重要です。神が天地創造を六日で終えられて、それを記念して七日目を安息日にされたのです。人間もそれを記念に六日間働いたら、七日目は何も仕事をしてはいけませんよという戒めです。安息日には奴隷や家畜も休ませます。その意味では働きすぎの弊害を防ぐ労働法の先駆《せんく》と言えます。と同時に神の天地創造を記念し、ヤハウェが創造主であることを認める意味を持ちますから、イスラエルであることの証明にもなるのです。ですから安息日に仕事をして、安息日を汚しますと、重大なトーラー違反ですから、死刑に処せられるということです。

「レビ記」と「民数記」によりますと、モーセの指揮でエジプトから脱出して、荒れ野にいたとき、安息日に薪《まき》を拾い集めていた罪で、石で撃ち殺された例があります。でも「ネヘミヤ記」第一三章によりますと、バビロニア捕囚から戻った後ですが、安息日に公然と働いている人がいたようです。

「また、そのころ、ユダで、人々が安息日に桶《おけ》の中でぶどうを踏み、穀物の束をろばに負わせて運んでいるのを、わたしは見た。またぶどう酒、ぶどうの実、いちじく、その他あらゆる種類の荷物も同じようにして、安息日に運び入れていた。」

これに対してネヘミヤは安息日を守らせるためにエルサレムの城壁を閉鎖し、以後繰り返すと処罰すると警告しています。ということはモーセの時代の安息日に仕事をすると死刑というようなことは、現実にはできなくなっていたわけです。とはいえ預言者たちは、安息日を守らなくなったので、イスラエルが衰えたということを強調し、安息日の厳守を改革の第一に掲げてきたのです。

現在の日本では日曜祝日に働いたら、休日出勤ということで二割五分増賃金がでることになっています。でもあまり時間外労働が多すぎますと労働協約などにひっかかりますから、一定時間以上の残業は使用者側は認めません。ところがどうしても期日までにしなければならない仕事がありますと、サービス休日出勤と言って、無給で日曜日に働くこともあるのです。これは名目的には本人が勝手に働いていることになりますが、実際は、そうでもしないと与えられた仕事がこなせないので仕方なしにしているわけです。ですからそういう勤務を余儀なくさせている使用者は、犯罪的だと国会などでも追求されています。

資本主義では利潤の増大が目的ですから、ついつい休日まで働かせたり、奴隷労働や労役のように無給で労働させる方に傾きがちです。ですから労働基準法などの労働法で厳しく取り締まらないと、労働者の健康の維持に支障がありますし、働くだけの人生では人権もなにもありません。その意味で安息日のトーラーの意義は大きいのです。

トーラー中心主義を唱えるファリサイ派の勢力の強いイエスの時代には、安息日の尊重が声高《こわだか》に叫ばれていたのでしょう。そして混乱を避けるため、侵略に対する防衛とか、緊急医療や病人の介護など安息日にしてもよいことについての例外規定が設けられていたようです。イエスを訴えるためにイエスが安息日に治療するかどうかファリサイ派の人々が監視していたとされています。宗教家が安息日を軽んじるような言動をすれば、当然、ユダヤ教の根幹を否定する者として、失脚させる重要な根拠になったと思われます。

イエスは、地の群れ（アムハーレツ）と呼ばれた貧しい民衆の立場に立っていましたから、安息日のトーラーについては複雑な感情を抱いていました。たしかに働きづめに働いても少しも生活が楽にならない貧しい人々にとっては、安息日に体を休めることができるのは、とても助かります。その意味ではありがたいトーラーです。でもふだん失業していますと、安息日にでも働かないことには、仕事がない場合もあり得ます。何も安息日まで働きたくて働いているわけではないわけです。それを安息日を汚したとして、極悪人のごとく非難されるのは納得できません。安息日によって守られるべき生活が、安息日のために脅かされるという矛盾があるのです。そこでイエスは安息日のために人間が存在するのではなく、人間のために安息日が存在するのだという原点にかえって、安息日のトーラーを柔軟に捉えようとしたのです。

「そのころ、ある安息日にイエスは麦畑を通られた。弟子たちは空腹になったので、麦の穂を摘《つ》んで食べ始めた。ファリサイ派の人々がこれを見て、イエスに、『ご覧なさい。あなたの弟子たちは、安息日にしてはならないことをしている。』と言った。そこでイエスは言われた。『ダビデが自分も供の者たちも空腹だったときに何をしたか、読んだことがないのか。神の家に入り、ただ祭司のほかには、自分も供の者たちも食べてはならない供えのパンを食べたではないか。安息日に神殿にいる祭司は、安息日の掟を破っても罪にならない、と律法にあるのを読んだことがないのか。言っておくが、神殿よりも偉大なものがここにある。もし、「わたしが求めるのは憐れみであって、いけにえではない」という言葉の意味を知っていれば、あなたたちは罪もない人を咎《とが》めなかったであろう。人の子は安息日の主なのである。』」（「マタイ伝」第一二章、1～8節）

イエスが言いたいのは、律法は天の父が自分の子である人間たちが仲良く幸せに暮らすために定めて下さったものですから、決してそれに背いた人間を犠牲にするために定められたわけではないのです。安息日に麦の穂を摘まないでもよいように、前日に摘んでおくようにするのが最も正しい態度です。それができていなかったら、安息日にはたとえどんなに空腹でも、麦の穂を摘まないように我慢するのが、イスラエルとしては正しい態度です。イエスはその点厳格さに欠けますね。空腹だったらいいじゃないかという態度ですから、とても安息日を聖としているとは言えません。とはいえ、本当に死にそうなくらい空腹だったら、神もそこまで人間が苦しむのを喜ばれませんから、一言「神よゆるしたまへ」と言って、麦の穂を摘んでもいいはずです。ですからどの程度厳格にトーラーを適用すべきなのか、どの程度ルーズであってもよいのかをはっきりさせる基準が必要です。

そこでイエスは、「人の子は安息日の主なのである。」と宣言しました。つまり「人の子」はトーラーを解釈する権限を授けられているというのです。とうとうイエスは、安息日に善いことをするのは許されているんだと宣言してしまいます。これではファリサイ派にとっては、トーラーがあってもなくても同じことになるじゃないかということになり、トーラー秩序によって成立しているユダヤ社会を護るためにはイエスを殺すべきだと決意してしまったのです。

「イエスはそこを去って、会堂にお入りになった。すると、片手の萎《な》えた人がいた。人々はイエスを訴えようと思って、『安息日に病気を治すのは、律法で許されていますか』と尋ねた。そこでイエスは言われた『あなたがたのうち、だれか羊を一匹持っていて、それが安息日に穴に落ちた場合、手で引き上げてやらない者がいるだろうか。人間は羊よりもはるかに大切なものだ。だから、安息日に善いことをするのは許されている。』そしてその人に『手を伸ばしなさい』と言われた。伸ばすと、もう一方の手のように元どおり良くなった。ファリサイ派の人々は出て行き、（早速、ヘロデ派の人々と一緒に――「マルコ伝」）どのようにしてイエスを殺そうかと相談した。」（同上、９～14節）

ファリサイ派にすれば、萎えた手を治すのは応急医療じゃないのだからわざわざ安息日にしなくてよいのです。

かくしてトーラーを守ることによって救われ、ユダヤ社会が維持されるというファリサイ派の立場は、トーラーによってではなく、メシアの聖霊への帰依によって救われるとするイエスの立場と真っ向から敵対することになったのです。しかしイエスの悪霊払いや病気治癒のパフォーマンスがある程度成功し、イエスの説教が強い共感を呼んでいる間は、簡単には手が出せません。そこでイエスに敵対していたファリサイ派、ヘロデ派、サドカイ派などは、イエス教団を崩壊させる戦略を練ります。

まず第一は、イエス教団の悪霊退散劇がインチキではないかという証拠を集めようとします。また病気治癒に関しても本当に治ったかとか、サクラではなかったかとかを調べるわけです。またイエス教団に入っている連中はどうも柄が悪そうだということで、弟子の経歴を調べ挙げたと想像されます。こうした破壊工作が進みますと、イエス教団側も身構えざるを得なくなります。

平和でなく剣を

「わたしが来たのは地上に平和をもたらすためだ、と思ってはならない。平和ではなく、剣をもたらすために来たのだ。わたしは敵対させるために来たからである。人をその父に、娘を母に、嫁をしゅうとめに。こうして、自分の家族の者が敵となる。わたしより父や母を愛する者は、わたしにふさわしくない。わたしよりも息子や娘を愛する者も、わたしにふさわしくない。また自分の十字架を担ってわたしに従わない者は、わたしにふさわしくない。自分の命を得ようとするものは、それを失い、わたしのために命を失う者は、かえってそれを得るのである。」

（「マタイ伝」第一〇章34～39節）

トーラーによる救いよりもメシアによる救いを強調するメシア教は、トーラーによって維持されてきたユダヤ社会の秩序を根底から覆す危険を孕《はら》んでいたのです。それでも宗教運動としてのメシア運動は、多くの狂信的な偽メシアを誕生させましたが、メシアが弾圧され、殺されれば、そのメシア教組織は自然崩壊するしかなかったのです。その好例がバプテスマのヨハネ教団です。イエス教団もヨハネ教団同様に厳しい弾圧に遇い、教祖を殺されますが、その死を超えて、あるいはその死によって幾層倍にもパワーアップして発展したのです。

イエス教団はどうしてもトーラー秩序のユダヤ社会からの排斥を受け、孤立せざるを得なかったのです。イエスをメシアと認め、イエスに帰依して、イエス教団を中心とする共同体「神の国」

に社会を再組織するか、イエスをユダヤ社会に対する挑戦と見なし、排斥するかの二者択一を迫られたのです。この対決は個々人に決断を迫るものですから、家族内でも意見が対立し、家族内の分裂・対立・敵対をもたらします。イエスを信仰するものは最終的には家族を捨てて、資産を投げうって「神の国」に身を投じることになります。そうしますと余計にユダヤ社会を解体するものとしてイエス教団は危険視され、世の迫害を受けるのです。

足の埃を払い落とせ

「あなた方を迎え入れもせず、あなた方の言葉に耳を傾けようともしない者がいたら、その家や町を出て行くとき、足の埃《ほこり》を払い落としなさい。はっきり言っておく。裁きの日には、この町よりもソドムやゴモラの地の方が軽い罰で済む。」（同上第一〇章14～15節）

イエスは十二人の使徒たちをユダヤやガリラヤの各地に派遣しますが、彼らがいくら「天の国」が近づいたと福音を伝え、病人をいやし、死者を生き返らせ、らい病を患っている人を清くし、悪霊を追放しても、それだけしるしが示されているのに信仰しないとすれば、神やメシアに対するシカト（無視）ですから、そういう傲慢《ごうまん》な態度に対して神は審判のときに燃える硫黄の雨を降らせて全滅させたソドムやゴモラよりも、もっと重い罰を下すというのです。

しかし人々はメシアの到来を熱い心で待ち望んでいますが、それだけに偽メシアに騙されることを警戒しています。偽メシアも心に響く言葉を語り、さまざまな証を見せますから、イエス教団が本物だという確信を得るのは難しいのです。それにユダヤ人はユダヤ教の立場で物事を捉えます。ですから、メシアが「人の子」の限界を超えて、聖霊による奇跡を行えば、かえって警戒します。唯一神論の立場から見れば神の紛い物であり、偶像崇拝の一種になるので、その奇跡が本物に見えれば見えるほど、悪霊の仕業ではないかという疑いの目で見てしまうのです。

ファリサイ派は、イエス教団の見事なエクソシズム（悪霊払い）に驚嘆しました。その謎が解明できなかったのです。ファリサイ派自身が当時の流行でしょうか、悪霊信仰に陥っていたのです。それでイエス教団は、悪霊の親玉ベルゼブルの力で悪霊払いをしているというキャンペーンを張りました。イエスは悪霊が悪霊をやっつければ、悪霊の力が弱くなるから、そんな馬鹿なことをするはずがない、悪霊をやっつけているのだから、聖霊にきまっているじゃないか、と反論しました。

でも問題はそんなに単純じゃありません。イエスは悪霊払いで民衆の帰依を集めることに成功すれば、トーラーによる救いをあてにしなくなった民衆は、トーラー秩序を解体してしまい、ユダヤ社会は崩壊してしまうとファリサイ派は捉えていたのです。それこそ悪霊の親玉ベルゼブルの狙いです。だから悪霊をやっつけるパフォーマンスでいかにも聖霊の振りをしているが、イエスにとりついているのは、本当は悪霊の親玉ベルゼブルだというキャンペーンだったのです。

家族はイエスが気が触れたと心配

この悪霊にとりつかれて気が触れているのではないかという心配は、イエスの家族まで巻き込んだのです。

「イエスが家に帰られると、群衆がまた集まって来て、一同は食事をする暇もないほどであった。身内の人たちはイエスのことを聞いて取り押さえに来た。『あの男は気が変になっている』と言われていたからである。」（「マルコ伝」第三章20～21節）

この家はカファリナウムの家です。イエスの家族がイエスが気が触れているという噂を真《ま》に受けて、ナザレ村から引き取りに来たのです。イエスにすればそんな宗敵《しゅうてき》のデマゴギーに騙されて引き取りにくるような家族に腹を立てます。後世に聖母と呼ばれたマリアも心配のあまり駆けつけているというところが興味をひきます。

「イエスの母と兄弟たちが来て外に立ち、人をやってイエスを呼ばせた。大勢の人が、イエスの周りに座っていた。『御覧なさい。母上と兄弟姉妹がたが外であなたを捜しておられます』と知らされると、イエスは、『わたしの母、わたしの兄弟とはだれか』と答え、周りに座っている人々を見回して言われた。『見なさい。ここにわたしの母、わたしの兄弟、姉妹がいる。神の御心を行う人こそ、わたしの兄弟、姉妹、また母なのだ。』」（同上、第三章31～35節）

イエスは恐らく、少年の頃からピュアで感受性が強い性格でしたから、生後まもなく神に捧げられたという儀式を、単なるセレモニーとしてでなく、本気で捉えていたと推測されます。そして少年の頃から神を自分の父と考え、天の父の意を受けて地上に神の国を作ることを夢見ていたかもしれません。ということは家族に対して帰属意識が希薄だったということにもなりますし、裏返して潜在意識を分析すれば、家族から捨てられたというコンプレックスを持っていたことが推測されます。それはユダヤ人のレビの家系ではどの家でも大なり小なりあることですが、イエスのピュアな性格がそれを先鋭にしたのです。神が自分の本当の父だとすれば、イスラエル全体が神の子であり、自分の真の兄弟姉妹であるということになります。

イエスブームの退潮

イエスの思いからすれば、今や「神の国」は始まったのであり、それがイエス教団なのです。これからはイエス教団によって行われる福音によって目覚め、洗礼を受けて罪を懺悔し、悔い改めて「神の国」に参加する者のみが真のイスラエルなのです。つまり神の家族なのです。福音の言葉を聞き、その証をしっかり見せられながら、それによって目覚めることができないのなら、その人達は「神の国」に入ることができないと見なすしかないということになります。やがて来る審判の時には、イエス教団である「神の国」に入っているかいないかが、選別の大きな基準になると考えていたようです。

イエスはエクソシズム（悪霊払い）に悪霊役者を使うという画期的なアイデアと、アイデア倒れに終わらない周到な訓練で、見事にブームを巻き起こしました。それと心に染みるアベコベ論理に基づく山上の垂訓の説教とで多くの心酔者を得たので、全能意識が大いに刺激されたものと思われます。これを破壊しようとするファリサイ派（律法学者――都市富裕階級）、ヘロデ派（ガリラヤ領主ヘロデを中心にユダヤ王国再建を画策する派）、サドカイ派（祭司階級――エルサレム神殿権力）が束になってかかってきても、対抗できると思っていたのです。

イエスの立場に立って考えますと、聖霊の力にも波があるのです。しっかりした信仰で防いでおきませんと、いったん追い出された悪霊もいずれ聖霊が弱まりますと、また元の体に戻ってしまいます。そして様々な権力側の攻撃で、イエス教団に接近するのはヤバイことがだんだん分かってきます。イエスの威力についても聖霊の力ではなく、悪霊の力かもしれないことになりますと、警戒心が起こってきます。威力を見せられても、イエスへの帰依、「神の国」への参加にまでは繋がらなくなります。そうなりますと「神の国」を財政的に支えるのが難しくなります。そこで弟子たちはグループを組んで各地に宣教に出掛けますが、かつてイエスブームの起こった町でも反応が鈍くなりました。次の言葉からイエスの歯ぎしりが聞こえます。

「それからイエスは、数多くの奇跡の行われた町々が悔い改めなかったので、叱り始められた。コラジン、お前は不幸だ。ベトサイダ、お前は不幸だ。お前たちのところで行われた奇跡が、ティルスやシドンで行われていれば、これらの町はとうの昔に粗布をまとい、灰をかぶって悔い改めたに違いない。しかし、言っておく。裁きの日にはティルスやシドンの方が、お前たちよりまだ軽い罰で済む。

またカファルナウム、お前は、天まで上げられるとでも思っているのか。陰府にまでおとされるのだ。お前のところでなされた奇跡が、ソドムで行われていれば、あの町は今日まで無事だったに違いない。しかし、言っておく。裁きの日にはソドムの地の方が、お前よりまだ軽い罰で済むのである。」（「マタイ伝」第一一章20～24節）

しかしイエスが本当にこういうひねくれた感じ方をしていたとしたら、悲しいですね。奇跡を見せて信者を集めるという方法は、一時的な成功は期待できても、それで既成の宗教権力にとって代われるようなものではないんです。病気を治癒してもらったからといって、自分の人生のすべてをかけるかどうかはまた別です。どうも権力に睨まれているようだとなれば、トラブルを避けようとしますし、病気がぶり返したりしますと、途端に教団に対して恨みを抱くようになるかもしれません。

イエスももっとガリラヤのローカルな自給自足のミニ宗教共同体運営に徹して、時折、布教に回る程度で満足していればよかったかもしれませんが、彼は聖霊の力を過信し、神と同様に万能になっていると思い込んでしまったので、イエス教団「神の国」が巨大化して、宗教権力を握るほどにならないと気が済まないわけです。それで宗教権力に迫害され、布教がうまくいかないと、自分の布教の仕方を反省しないで、受入れない方が悪いことにするわけです。それが憎悪にまでなりますと、審判の時は、ソドムより酷いぞということは、皆殺しの脅迫ですね。そんな皆殺しの脅迫で、信徒にしても、恐怖心から従っているだけで、本当に心から帰依することにはならないでしょう。自分の宗派に入らないと皆殺しにするぞと脅迫するのでは、これまでの愛の教えもみんな嘘だったことになるじゃないですか。この問題は「ヨハネによる黙示録」を検討する際に別著で詳しく議論することにします[1]。

第七章　命のパンと教団大分裂

わたしが命のパンである

「ヨハネ伝」に「命のパン」の説教があります。イエスは自分のことを「私が命のパンである」と言われたのですから、「あんパンマン」を連想される方もおられるでしょう。この説教がどういう時期になされたのかが問題ですが、「ヨハネ伝」では「大麦のパン五つと魚二匹」を五千人に配って、残ったパンの屑で十二の籠が一杯になったという大がかりな奇跡を演じた時期に当たります。つまりこれは大勢の群衆に後を追われていた全盛期の話になっているのです。でもこの「命のパン」の説教の直後、この説教があまりに呆れ返る話なので、大部分の弟子が離れたことになっていますから、不自然です。

わざわざ全盛期に弟子が大部分離れるような説教をすることはないでしょう。それよりイエスブームが去ったけれど、イエス教団「神の国」には、未だに出家した弟子たちが大勢いて、それを退潮のために財政的に支えられなくなった時期に行われたと受け取るのが自然です。イエスは教団の規模を縮小しなければならなかったので、わざと反発を受けるような説教をして、自発的に離れさせたのです。

この「命のパン」の教説は「ヨハネ伝」にしか書かれていません。「ヨハネ伝」は一世紀末に編纂されたとされています。その作者も不詳です。ゼベダイの子ヨハネかギリシアでヨハネ教団の中心であった長老ヨハネかそれとも全く別の教団関係者か分かっていません。ただし私は「命のパン」の教説が十二使徒の特権と緊密に結びついていますので、十二使徒の生き残りであるゼベダイの子ヨハネの可能性を捨てきれません。ゼベダイの子ヨハネはイエスが処刑された紀元三十年頃、まだ二十歳前後だったとされています。それから一世紀末まで七十年近く生きていれば、九十歳前後になっていたことになります(1)。

草稿自体はきっと早くから書いていたでしょうが、様々な誤解や中傷を生む可能性が多いので、「命のパン」の教説の部分を入れるのは最後まで慎重だったのでしょう。でもこれを入れなければ、主の聖餐の根本的意義が忘れられてしまいます。イエスに対する聖餐が行われたことを示唆することすらできません。それでは十二使徒の特権的な立場の意味が分からなくなります。ゼベダイの子ヨハネが残した遺品の中に草稿があって、それを資料に一世紀末にヨハネ教団によって書かれたという可能性もあるでしょう。

「『はっきり言っておく。あなたがたがわたしを捜しているのは、しるしを見たからではなく、パンを食べて満腹したからだ。朽ちる食べ物のためではなく、いつまでもなくならないで、永遠の命に至る食べ物のために働きなさい。これこそ人の子があなたがたに与える食べ物である。

父である神が、人の子を認証されたからである。』そこで彼らが『神の業《わざ》を行うためには、何をしたらよいでしょうか』と言うと、イエスは答えて言われた。『神がお遣わしになった者を信じること、それが神の業である。』そこで、彼らは言った。『それでは、わたしたちが見て、あなたを信じることができるように、どんなしるしを行ってくださいますか。わたしたちの先祖は、荒れ野でマンナを食べました。「天からのパンを彼らに与えて食べさせた」と書いてあるとおりです。』すると、イエスは言われた。『はっきり言っておく。モーセが天からのパンをあなたがたに与えたのではなく、わたしの父が天からのまことのパンをお与えになる。神のパンは、天から降って来て、世に光を与えるものである。』

そこで、彼らが『主よ、そのパンをいつもわたしたちにください』と言うと、イエスは言われた。『わたしが命のパンである。わたしのもとに来る者は決して飢えることがなく、わたしを信じる者は決して渇くことがない。しかし、前にも言ったように、あなたがたはわたしを見ているのに信じない。父がわたしにお与えになる人は皆、わたしのところに来る。わたしのもとに来る人を、わたしは決して追い出さない。わたしが天から降って来たのは、自分の意志を行うためではなく、わたしをお遣わしになった方の御心を行うためである。わたしをお遣わしになった方の御心とは、わたしにお与えてくださった人を一人も失わないで、終わりの日に復活させることである。わたしの父の御心は、子を見て信じる者が皆永遠の命を得ることであり、わたしがその人を終わりの日に復活させることだからである。』」（「ヨハネ伝」第六章26〜40節）

「永遠の命に至る食べ物」は人の子が与える物です。この食べ物を得るために人は働くべきなのです。それは、神が遣わした者を信じることです。ではイエスが神が遣わしたものであることを示すしるしはなんでしょう。例えば、モーセの場合は、荒れ野で神が天から降らしたマンナをイスラエルに食べさせました。しかしイエスに言わせれば、モーセが人々に与えたのではなく、天の父が与えたのです。それで天から遣わされたしるしは「神のパン」であり、それは「天から降って来て、世に光を与えるもの」なのです。そしてその「命のパン」はイエスなのです。それはどうしてかと言いますと、イエスのもとに来ますと決して飢えることも渇くこともないからです。その意味でイエスは「永遠の命に至る食べ物」だと言うのです。そして神の御心のままにイエスを信じる者を、終末の日に復活させるというのですから、その意味ではイエスは「永遠の命に至る食べ物」なのです。

それではイエスが「命のパン」なら、そのパンを食べるというのはどうすることなのでしょう。それはイエスのもとに居て飢えないし、渇かないのですから、イエスを信じ、イエスの愛を受け取ることが、イエスを食べることになるのでしょう。

『『父を見た者は一人もいない。神のもとから来た者だけが父を見たのである。はっきり言っておく。信じる者は永遠の命を得ている。わたしは命のパンである。あなたたちの先祖は荒れ野でマンナを食べたが、死んでしまった。しかし、これは、天から降って来たパンであり、これを食べる者は死なない。わたしは、天から降って来た生きたパンである。このパンを食べるならば、その人は永遠に生きる。わたしが与えるパンとは、世を生かすためのわたしの肉のことである。』」（同上、第六章46～51節）

「信じる者は永遠の命を得ている」とあり、「これは、天から降って来たパンであり、これを食べる者は死なない」となっています。この二つの文章から「信じる」ことと「食べる」ことが等置されていることが分かります。ところが最後に「わたしが与えるパンとは、世を生かすためのわたしの肉のことである」とありますから、やはりイエスの肉を食べることで永遠の命が得れるのかなと受け止められます。「食べる」ことが「信じる」ことを意味しているのなら、食べる対象である「肉」は、信じる対象である「言葉」の比喩であるわけですが、話を聞いていると、イエスの肉を食べると永遠の命を得れるように聞こえます。つまり宗教的カニバリズムの説教に聞こえるのです。

もちろんユダヤ教の文化圏ではカニバリズムは厳禁です。地上動物では蹄《ひずめ》のある動物の肉以外は食べてはならないというのが、トーラーで定められています。

「地上のあらゆる動物のうちで、あなたたちの食べてよい生き物は、ひづめが分かれ、しかも反芻するものである。」（「レビ記」第一一章）

人肉を食べるということは、殺人を伴うことが多いですから、「殺すなかれ」という『十戒』

の規定にも背きます。パレスチナにいたセム族でモレク神を信仰していた人達は、自分の子供を奉献し、それを神聖視して皆で聖餐する風習がありました。これを大変忌まわしいものとしてユダヤ教徒は排斥していました。「知恵の書」にこうあります。

「あなた（ヤハウェ）の聖なる土地に昔から住んでいた人々を、その忌まわしい行いゆえに、あなたは憎まれた。魔術の業や神を汚す儀式を行う者、無慈悲にも子を殺す者、血をすすり人肉や内臓を食べる宴を開く者、踊り狂う秘密の教団に入門し、かよわいわが子の命を奪う親たち、この者どもをあなたは、わたしたちの先祖の手で滅ぼそうとされた。」（「知恵の書」第一二章3～6節）

宗教的カニバリズムは、神が人を食べる場合と人が神を食べる場合があります。[2] 神が人を食べるのは、生贄に捧げられた人を食べる場合です。ヤハウェ信仰でも、起源的には長子を黒こげに焼き尽くして神に捧げていました。それがレビ族の長子は、生まれてまもなく神に捧げられるという儀式をしまして、祭司職にする慣習に昇華されていたのです。

人が神を食べる場合は、人を神格化しまして、その人を皆で一緒に食べるのです。これは未開部族では広汎に行われていたと言われます。イエスの肉を食べるという場合は、聖霊を宿したイエスを食べることで、聖霊を引き継ぐことになります。イエス教団の中ではイエスが聖霊を宿した聖なる存在ですから、聖餐しても単なる人喰いではありません。でも一般のユダヤ人から見れば、イエスは大工ヨセフの長男ですから、人間を食べる行為以外の何物でもないわけです。もしイエス教団がイエスの肉を食べたりしたら、「知恵の書」の信仰から見て、人喰いをした鬼か悪魔のような連中として皆殺しにされる危険があります。

それでイエスはカニバリズム的な表現を公然としてはいけませんし、比喩で行うのも不謹慎だという誹《そし》りを免れません。それに比喩で行うのなら、比喩だとはっきりさせなければ、カニバリズム教団として殲滅《せんめつ》される恐れがあったのです。ですから「ヨハネ伝」の「命のパン」の説教は公衆に向けてされたことになっていますが、実際には弟子たちに向けてされたと思われます。

人の子の肉を食べ、その血を飲まなければ

「それで、ユダヤ人たちは、『どうしてこの人は自分の肉を我々に食べさせることができるのか』と、互いに激しく議論し始めた。イエスは言われた。『はっきり言っておく。人の子の肉を食べ、その血を飲まなければ、あなたたちの内に命はない。わたしの肉を食べ、わたしの血を飲む者は、永遠の命を得、わたしはその人を終わりの日に復活させる。わたしの肉はまことの食べ物、わたしの血はまことの飲み物だからである。わたしの肉を食べ、わたしの血を飲む者は、いつもわたしの内におり、わたしもまたいつもその人の内にいる。生きておられる父がわたしをお遣わしになり、またわたしが父によって生きるように、わたしを食べる者もわたしによって生きる。これは天から降って来たパンである。先祖が食べたのに死んでしまったようなものとは違う。このパンを食べる者は永遠に生きる。』」これらは、イエスがカファルナウム

の会堂で教えていたときに話されたことである。」（同上、第六章52～59節）

ユダヤ人たちは、カニバリズムを比喩として受け止められませんでした。でも生きている以上、イエスの肉を食べるわけにはいきませんし、イエスが亡くなってから食べるにしても、沢山の民衆に肉を分けることもできません。どうするつもりなんだろうと議論していたのです。もしカニバリズムが比喩なのに、イエスの肉や血を飲食すると誤解されているのでしたら、イエスは、「わたしの肉とはわたしの言葉のことである」とはっきりと比喩であることを示す必要があったはずです。ところがイエスは、カニバリズムをますます強く印象付けています。

イエスの肉を食べ、血を飲めば、永遠の命を得るということは、終わりの日にイエスによって復活させられるからだということですが、これはイスラム教の終末の教説と矛盾します。イスラム教では終末が来ますと、全員が復活させられ、審判によって楽園かゲヘナに分けられます。イスラム教では『クルアーン（コーラン）』で終末や審判がはっきりと規定されているのですが、『旧約聖書』では明確ではありません。イスラム教の終末観では、イエスの肉を食べ、血を飲まなくてもだれでも復活できるのです。しかし「ヨハネ伝」のこの記述があるので、終末における復活は義人に限られたり、罪の重い人は罰を与えられるために復活させられるというような様々な解釈があったのかもしれませんね。

「わたしの肉を食べ、わたしの血を飲む者は、いつもわたしの内におり」ということはイエスの肉と血を取り込むことによる肉体的な一体化によって、食べた人の体は、イエス・キリストの体と合体し、大いなる命としてのイエス・キリストの中に含まれるということを意味します。そして「わたしもまたいつもその人の内にいる」とはイエスの聖霊が食べた人の体の中に宿ると言うことを意味するのです。「このパンを食べる者は永遠に生きる」というのは、永遠の命であるイエスとの合一を説いているのです。この永遠の命であるイエスとは、天地創造以前から存在し、世の終わりの後にも存在する、アルファにしてオメガである存在なのです。

永遠の命の言葉

このイエスの言葉を聞いて、「実にひどい話だ。だれがこんな話を聞いていられようか」と弟子たちの多くが言ったのです。何がひどいかが問題ですが、まず、人の子の肉を食べ、血を飲まなければ永遠の命は得られないと、カニバリズムを強制する内容であることです。それが実際にイエスの肉を食べ、血を飲むことならば、イエスがいかに聖霊を宿しているとはいえ、正真正銘の人間ですから、人肉を食べることに違いありません。それはユダヤ教の文化では最もおぞましい、最も罪深いことであるのです。たとえ比喩だったとしても、カニバリズムを肯定的に扱っているのですから、まことに不謹慎の極みなのです。もし比喩だったとしたら、どうすることがイエスの肉を食べ、血を飲むことになるのか、はっきり分からせなければならないはずです。その点、イエスは誤解を解くどころか、「人の子の肉を食べ、その血を飲まなければ、あなたたちの内に命はない」とカニバリズムを繰り返えすばかりです。これでは弟子たちの不評も無理はありません。

『あなたがたはこのことにつまずくのか。それでは、人の子がもといた所に上るのを見るならば………。命を与えるのは「霊」である。肉は何の役にも立たない。わたしがあなたがたに話した言葉は霊であり、命である。しかし、あなたがたのうちには信じない者たちもいる。』」
（同上、第六章61～64節）

「つまずく」とは、失敗して駄目になることですが、イエスのカニバリズム的言説に戸惑って、イエスから離れ、救いの機会を失ってしまうことです。しかしこの言葉は「求めているのは憐れみであって、いけにえではない」というトーラー中心主義に対するイエスの批判が、そのままイエスに撥ね返ってくるでしょう。カニバリズムタブーの強烈な文化圏では、カニバリズムアレルギーから、イエスから離れるのは無理もないのです。

「それでは、人の子がもといた所に上るのを見るならば………。」の「………。」の部分を補ってみましょう。人の子は天から降って来たので、天に上ると解釈すれば、「もといた所」とは、天のことです。天に上るのは、まさしく人の子のしるしですから、天に上るのを実際に見れば、イエスの言説を信じる他なくなります。だから「わたしの話した言葉を真実だと認めるのか。」が入るでしょう。

「命を与えるのは『霊』である。肉は何の役にも立たない。わたしがあなたがたに話した言葉は霊であり、命である。」肉は言葉の比喩だと言いましたが、イエスの肉には聖霊がついているわけです。肉を食べるのだけれど、肉は消化されて体内に残りません。体内に残って命として働くのは聖霊なのです。ですからイエスの言葉の肉の部分と霊の部分があって、肉の面が表現としたら霊の面は意味でしょう。イエスの言葉をただ聞いて暗記していても、その中の思想を血肉化しなければ何にもならないということです。そして「言葉は霊である」ということで、イエスの言葉を信仰することがイエスを食べることを意味する事が示唆されています。「言葉」や「肉」が狭い意味や広い意味、具体的な意味や象徴的な意味で使われており、この説明もすんなり分かりやすい文章とは言えませんね。

「命のパン」の説教の時期には、イエスは命を狙われていたとは言え、まだ死に直面しているとは考えていません。それでイエスに対する聖餐も象徴的な意味で、イエスの言葉を信仰し、血肉化する意味で使われていたのです。このカニバリズム的表現が弟子たちに強いアレルギー反応を引き起こします。きちんと誤解を解こうとしていないところを見ますと、おそらく意図的に弟子たちの離反を図ったのです。

とはいえ、イエスはたんに比喩だけで宗教的カニバリズムを捉えていたわけではないのです。そうでないと、キリスト教の中心儀式が「主の聖餐」になるはずはありません。イエスの身体に聖霊が宿っているという確信をイエスは抱いていましたし、この聖霊は天から降りて来てイエスの身体に入ったものであり、また死とともに身体から離れていく「つきもの」だと信じていたのです。そして、この聖霊を弟子たちに引き継がせるためには、聖霊が宿っている間にイエスの肉を食べ、血を飲めば、弟子たちの身体の中にとりつくことが可能ではないかとイエスには思われたのです。

シャーマニズムでは、シャーマンの体を聖餐することで、その霊力を引き継ぐことが実際に広汎に行われていたのではないかと想像されます。(3) イエスはあるいは荒れ野での修行時代にアジアのシャーマンがいたキャラバンに出会い、カルチャーショックを受けたかもしれません。そういうことがなくても、イエスの宗教的天才が霊のつきもの信仰の論理をつきつめていくなかで、発見したのかもしれません。

弟子たちの大離反

「このために、弟子たちの多くが離れ去り、もはやイエスと共に歩まなくなった。そこでイエスは十二人に、『あなたがたも離れて行きたいか』と言われた。シモン・ペトロが答えた。『主よ、わたしたちはだれのところへ行きましょうか。あなたは永遠の命の言葉を持っておられます。あなたこそ神の聖者であると、わたしたちは信じ、また知っています。』するとイエスは言われた。『あなたがた十二人は、わたしが選んだのではないか。ところが、その中の一人は悪魔だ。』イスカリオテのシモンの子ユダのことを言われたのである。このユダは、十二人の一人でありながら、イエスを裏切ろうとしていた。」(同上、第66～71節)

イエスは大勢の弟子を抱えて、カファリナウムを拠点に伝道活動をしていました。十二人の使徒が中心的に悪霊退散劇を各地で演じて、奇跡的治療を行い、民衆の圧倒的支持を勝ち取るつもりだったのです。ところが教団拡大に伴うやっかいな問題が生じます。それは量的拡大に伴う質的低下です。最初の四人の漁師たちの場合は、芝居がかっているとばれると命がないと思って必死でした。ところが爆発的なブームで大量の教団員を抱えますと、その養成が大変です。イエスが十二使徒を訓練し、十二使徒がイスラエル十二支族に見立てたそれぞれの組を担当して一般の出家信徒を訓練したのです。

まず「神の国」に入団した人々にすぐに悪霊芝居のトリックをやらせるわけにはいきません。しばらくは、「神の国」の自給自足経済を支える野良仕事が中心です。そして徐々に教団の活動に参加させるのです。だって、まさか芝居だとは思っていなかったのですから、悪霊は目に見えないこと、それを目に見えるようにすることで、悪霊退散を実感させることの意義を納得させなければならないのです。ですから野良仕事から教義の学習に入り、説教の練習をします。かなりステージが上がってから悪霊芝居やさくら治療などの訓練に入ることになります。

イエスが直接指導した十二使徒は、かなりの宗教活動のパワーを発揮したでしょうが、その他の出家信徒たちは、イエス教団の実態にふれた上でなお命懸けで活動してくれればよいのですが、大部分はとても高度な悪霊退散劇などを演じるのは無理があったと思われます。悪霊退散劇などは、その演劇性が露見しますと、教団全体が危機に追い込まれますから、おいそれと行えないわけです。こうして教団が肥大化すればする程、十二使徒の活動は教団運営に割かれて、教団全体のエネルギーが外に向けて発揮できなくなるジレンマに陥ったのです。その上、イエス教団に敵対する勢力の策謀もあり、在家信徒が急減しましたから、教団活動を財政的に支えることが難しくなったのです。

ところでイエスがこの説教でカニバリズムを比喩した狙いは何でしょう。イエスは、人の子の言葉を信仰して、それを血肉化すれば永遠の命に至ることを言いたければ、何もあえて「人の子の肉を食べ、血を飲まなければ、永遠の命を得られない」とまではいう必要はなかったのです。あえてそれを言うことで、命懸けの信仰ではない人をやめさせ、イエスの肉を食べ、血を飲む覚悟ができている人だけの教団に純化しようとしたのです。

「ヨハネ伝」の記述が、そのまま歴史的事実を記したものではありません。たとえカファリナウムの説教が、カニバリズムを比喩でなく語っていたとしても、そのままは書けません。当時の初期キリスト教団は、カニバリズムをキリスト教徒が入会儀式で実行しているという噂を立てられていた可能性があります。二世紀の異教徒がキリスト教徒に対して抱いていた偏見には、ミヌキウス・フェリクスが紹介した文章では次のようなものがあります。

「新しいキリスト教徒の入会式は、すでによく知られているが、まことに胸のむかつくようなものである。赤子が一人、よほど注意深い人でもなければ赤子であるとは分からないように、身体中に粉をまぶされた状態で、これから入信しようとする者の前に連れてこられる。するとこの者は罪の意識をもたずに、赤子を刺し殺すことができた。それから、語るのもはばかられるような恐ろしい場面が始まる。この儀式の参加者たちは、赤子の血を飲み、赤子の四肢を引きちぎって分け合うのだ。彼らが真に仲間となるのは、この供儀を通してである。」（大和岩男

著『魔女はなぜ人を喰うのか』大和書房、一九六六年刊、三五頁〉

カルロ・ギンズブルグの『闇の歴史――サバトの解読――』によりますと、「人の子」がメシアを意味することを知らなかった異教徒たちは、「人の子の肉を食べ、血を飲まなければ、永遠の命を得られない」という言葉を根拠に、キリスト教徒は入会に際して自分の子供を殺して、その肉を皆で食べているというデマを飛ばしていたのです。ですから初期キリスト教団としては、イエスが生前に宗教的カニバリズムを主張していたことを公表するわけにはいきません。「ヨハネ伝」の作者にはかなりの制約が与えられていたと考えられます。

おそらく当時イエス教団「神の国」の衰退が、教団内部で深刻に受け止められ、イエスはその打開策の提示を求められていたのでしょう。悪霊退散劇など宗教的天才によってひらめいていたイエスも、さすがに考えあぐねていました。そこで自分に宿る聖霊の霊力の衰退を痛切に感じました。そしてこのまま教団が衰退すれば、イエスは孤立して宗敵に殺されるのでないかと恐れていました。このままイエスが殺されてしまえば、イエス教団も崩壊してしまいます。「トーラーの呪い」から民衆を解放し、さらに愛の解放戦略でユダヤを解放しようとしていたイエスにとってそれは死ぬよりも辛いことでした。

そこで考えあぐねた末に、ひらめいたのが、自分の肉を食べさせ、血を飲ませて、弟子たちに聖霊を引き継がせる究極の選択でした。もしイエスの肉を食べ、血を飲んだとしたら、イエスがただの人間なら弟子たちはイスラエルの民から外され、終わりの日に復活もありえません。あるいは未来永劫ゲヘナの煮えたぎる血の池です。でもイエスが本当に聖霊を宿す神の子なら、聖霊を引き継げるのです。そして終わりの日に復活させられて、来世においては、世界帝国となったイスラエルの十二支族の一つの王になれるのです。それができなくともそれに匹敵する地位を保障されます。

弟子たちにとって、イエスの聖餐に参加するのは、自分の全てをイエスに捧げることを意味しました。イエスは、自分の身も心も聖霊もすべて弟子たちに捧げ尽くすことによって、弟子たちの全てを投げ出させようとしたのです。イエスは、教団が敵の策謀で危機にあることを告げ、自分が弾圧で殺されるかもしれないことを知らせました。そして自分の死に当たっては、自分の肉を食べ、血を飲むことを命じたのです。これがカファリナウムの「命のパン」の説教の元の形ではなかったかと分析されます。それでイエスが宗教的カニバリズムを唱えるので、生理的にも受け付けられませんし、トーラーから言ってもとても納得できなかったので、大部分の弟子は離反したのです。

第八章　エルサレムへ

預言者はエルサレムで殺される

ガリラヤでの布教期間は二年間から三年間程度に過ぎなかったようです。在家信者が激減していたのに加え、「命のパン」の説教によって、イエス教団「神の国」からも出家信者の大部分が離反したのです。イエスはガリラヤ湖周辺にイエス教団「神の国」を形成して、それを拠点に各地に弟子を派遣し、全財産を投げうってイエス教団に参加する人を増やし、宗教共同体「神の国」を発展させながら、同時に各地に拠点づくりを始めていくという構想を持っていたのですが、もろくもこの構想は崩れてしまいました。

イエスはガリラヤ地方での伝道でも「マルコ伝」第九章30節では「人に気づかれるのを好まれなかった」とあります。民衆の支持が弱くなりますと、宗敵に襲撃されたり、拉致《らち》されて殺される危険性が高くなってきます。常に宗敵に監視され、ファリサイ派に妨害され、時には拉致される恐怖がつきまとって、イエスのストレスはきっと極度にたかまっていたのでしょう。そこでイエスは思い余って、起死回生《きしかいせい》を狙って聖都エルサレムに入り、神殿権力に対抗して、直接メシア

エル・グレコ：神殿から商人を追い払うキリスト

オリーヴ山
ゲッセマネ
ペトファゲ
門
墓地
至．ベタニア、エリコ
イエス時代のエルサレム
イエス時代の市壁（推定）
築造年不明の城壁
エスサレム旧市の現在の城壁
主要道路その他のルート
0 200 400 600 800Yards
0 200 400 600 800Meters

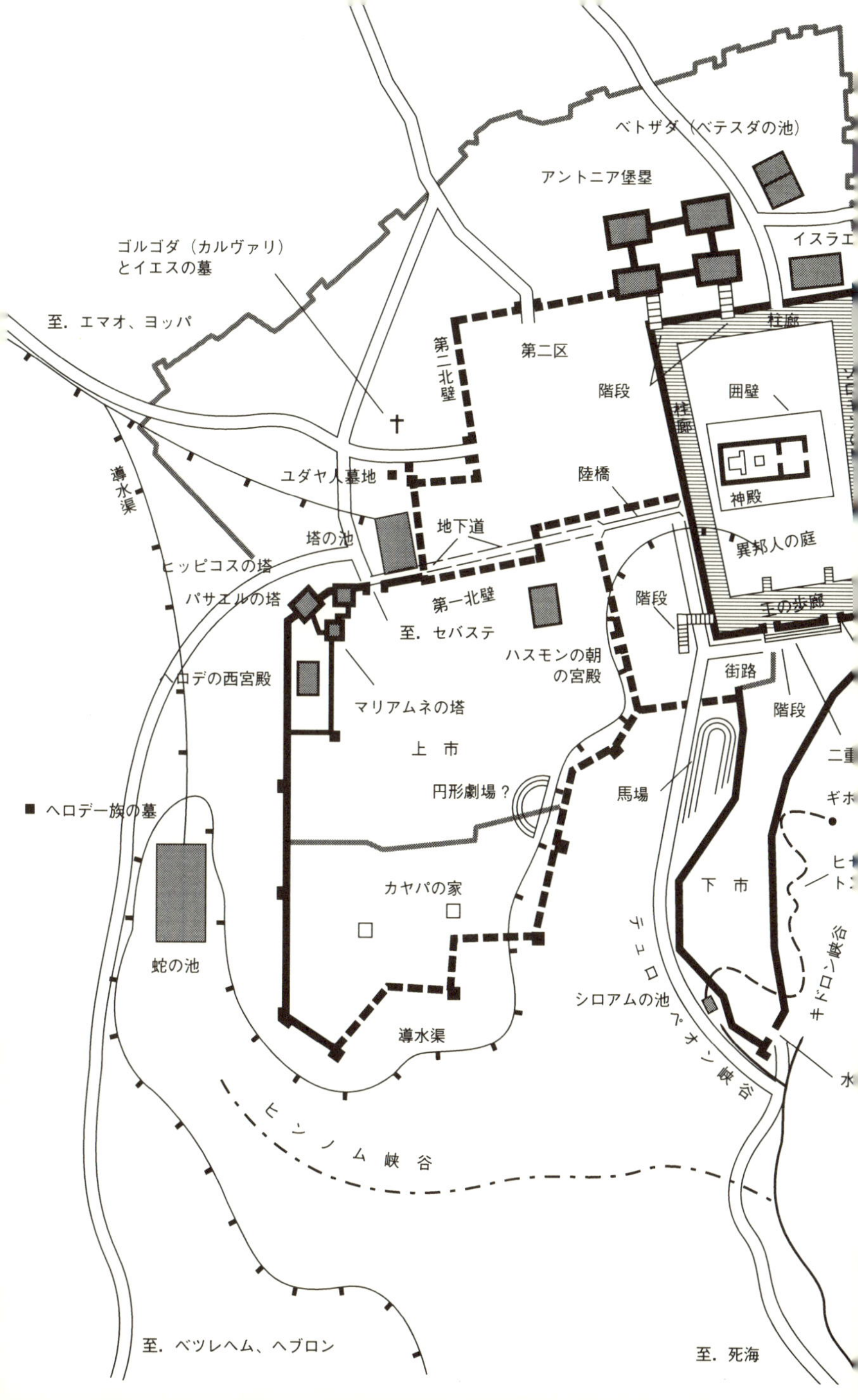
ベトザダ（ベテスダの池）
アントニア堡塁
ゴルゴダ（カルヴァリ）とイエスの墓
至．エマオ、ヨッパ
第二北壁
第二区
柱廊
階段
囲壁
柱廊
神殿
ユダヤ人墓地
陸橋
導水渠
地下道
塔の池
異邦人の庭
ヒッピコスの塔
パサエルの塔
第一北壁
階段
王の歩廊
至．セバステ
ハスモンの朝の宮殿
街路
ヘロデの西宮殿
マリアムネの塔
階段
上　市
円形劇場？
馬場
ヘロデ一族の墓
カヤパの家
下　市
蛇の池
テュロペオン峡谷
シロアムの池
キドロン峡谷
導水渠
ヒンノム峡谷
至．ベツレヘム、ヘブロン
至．死海

として民衆に訴え、できるなら神殿権力を奪権しようと考えたのです。

もちろんそんなことをしようとすれば、確実に捕らえられて殺されてしまいます。でもイエスは、本気で自分には聖霊が宿っていると信じていました。そして自分は神に捧げられた者であり、神から聖霊を与えられた「神の子」であり、「メシア」なんだという確信がありました。もし天の父が、最も愛する息子イエスを見捨てるとすれば、神は自分の最愛の者も救うことができないという、それこそ神の沽券《こけん》に関わる大失態《だいしったい》を演じることになりますから、いざというときになって、救いの奇跡を起こして下さるにちがいないという望みにかけたくなったのです。

でも神が何を考えているかは、イエスでも測りがたいところがあります。「神の子」の死を犠牲にして、人類を新たな自覚に導こうとされるかもしれないのです。それが神の御旨ならそれに従う他はありません。しかしイエスは神の愛を信じていましたから、イエスを死から復活させるに違いないとも思いました。それにイエスは既に「命のパン」の説教をしており、聖餐を通して、弟子の中にイエスの聖霊が移転して、イエスは聖霊として復活できるという確信があったのです。この聖霊としての復活が神の意志かもしれないとイエスは考えました。イエスが弟子たちの中に復活のイエスとして生き続け、イエス教団がイエスの死を克服して、飛躍していくなら、それも素晴らしいことかもしれない、メシアは一度は死に、死を克服して、復活するということになっているじゃないかと、イエスは納得したのです。

そこで最初の死と復活の予告です。ガリラヤでは狙われているので、布教がやりにくくなって、サマリアのフィリポ・カイサリアという港湾都市の周辺の村々を回って布教しているときでした。

評判は上々で、「洗礼者ヨハネだ」、とか「エリアだ」とか「預言者の一人だ」と民衆は口々に驚嘆の声をあげました。そこでイエスはペトロにあなたはどう思うのかと聞きますと、ペトロは「神から送られたメシアです」と答えたのです。それでイエスは、そのことはだれにも言わないようにと言ったのです。

この意味は、イエスが自分を「神の子」や「メシア」と捉えていないということではありません。そういう評判をたてられるとますます身の危険が大きくなるからです。イエスは自分を神に捧げられ、神に拾われた宿命的な「神の子」として自覚しているのです。そして「トーラーの呪い」から民衆を解放しつつあるメシアとして自覚しています。そういう自覚があるからこそ、エルサレムに行って、死を覚悟で神殿を奪権してやろうと決意したのです。

「このときから、イエスは、御自分が必ずエルサレムに行って、長老、祭司長、律法学者たちから多くの苦しみを受けて殺され、三日目に復活することになっている、と弟子たちに打ち明け始められた。するとペトロはイエスを脇にお連れして、いさめ始めた。『主よ、とんでもないことです。そんなことがあってはなりません。』イエスは振り向いてペトロに言われた。『サタン、引き下がれ。あなたはわたしの邪魔をする者。神のことを思わず、人間のことを思っている。』

それから、弟子たちに言われた。『わたしについて来たい者は、自分を捨て、自分の十字架を背負って、わたしに従いなさい。自分の命を救いたいと思うものは、それを失うが、わたしのために命を失う者は、それを得る。人はたとえ全世界を手に入れても、自分の命を失ったら、何の得があろうか。自分の命を買い戻すのに、どんな代価が支払えようか。人の子は、父の栄光に輝いて天使たちと共に来るが、そのとき、それぞれの行いに応じて報いるのである。はっきり言っておく。ここに一緒にいる人々の中には、人の子がその国と共に来るのを見るまでは、決して死なない者がいる。』」（「マタイ伝」第一六章21〜28節）

この受難と復活の予告を、イエスのオカルト的な未来予知能力と考えないでください。イエスは何も殺されたかったのではないのです。あわよくば、彼の得意の説教と悪霊退散劇や奇跡治療で民衆の帰依をかちとり、祭司長らの神殿権力やファリサイ派への民衆の反発を組織して、神殿権力を奪おうと考えていたのです。神の加護によって、それも可能かも知れないと思っていたのです。でも神の加護というのを期待しますと、たいがい失敗します。ガリラヤでの「神の国」造りも、神の加護に期待していましたが、惨めな失敗に直面しています。それで最悪の事態を想定して、予め弟子たちの覚悟を迫っているのです。

ペトロがイエスを脇に連れていって、諌《いさ》めたというところが興味深いですね。ペトロにすれば、イエスを失うことはとても耐えられません。イエスをメシアとして尊敬し、イエスのために人生のすべてを投げ出して生きてきたのですから。それにイエスを失ったら、とてもイエス教団はもたないだろうと、思えたのです。実際、オカルト的な治療も、イエスなら独特のオーラがあって、すぐに患者もその気になりますが、十二使徒ではなかなかその気にならない場合も多いのです。

イエスが死んでしまったら、とてもそのオーラを引き継ぐところまでいけないと思ったのです。

　イエスは、ペトロの諫めに対して「サタン、引き下がれ」と叫びました。最大の悪罵《あくば》のように聞こえますが、そうではありません。「サタン」は、イエス自身の内心の声なのです。イエスだって人間ですから、わざわざ身を危険に曝《さら》して、自分の命を狙っている連中の懐に飛び込みたくはないのです。しかしこれは神の意志ですから、人間的感情で妨害するわけにはいかないのです。イエスは宿命的に神に捧げられているという「神の子」コンプレックスに支配されているのですから。

メシアは驢馬に乗って

　イエスは弟子たちがエルサレムについて来てくれないと困るのです。一人では悪霊追放などできませんからね。それに殺された場合に、聖餐で聖霊を引き継いでもらう必要があるのです。とはいえ、イエスについて来れば、一緒に殺されるかもしれません。教団を引き継げば、当然、これまで以上に激しい弾圧に曝されます。殉教を覚悟しなければならないのです。でも、トーラーの呪いから民衆を解放し、愛の解放戦略でユダヤと世界を解放するというのは、神の義に叶っています。自分たちの命は、神の義の実現によって永遠に輝くことになるわけです。エルサレムへの道は殉教に続く死への道だったとしても、それは永遠の命に続く、「死して生きる」道なのです。

　イエスはこの「死と復活の予告」を三度しています。フィリポ・カイサリアが最初、次はガリラヤに戻ってから、三度目はいよいよ最後のエルサレムに向かう道中です。

「一行がエルサレムへ上って行く途中、イエスは先頭に立って進んで行かれた。それを見て、弟子たちは驚き、従う者たちは恐れた。イエスは再び十二人を呼び寄せて、自分の身に起ころうとしていることを話し始められた。『今、わたしたちはエルサレムへ上っていく。人の子は祭司長たちや律法学者たちに引き渡される。彼らは死刑を宣告して異邦人に引き渡す。異邦人は人の子を侮辱し、唾をかけ、鞭打ったうえで殺す。そして人の子は三日の後に復活する。』」

（「マルコ伝」第一〇章32～34節）

この表現ですと、この最後の聖都エルサレム行きは、予告なしにイエスが先に行き、十二使徒が追いかけたように見えます。弟子たちはイエスの身を案じ、エルサレム行きを思い止まるように説得していたとも想像できます。イエスは自分一人でも行くといって飛び出したとも考えられます。

とはいえ、イエスは既に手を打っているのです。ひとつは「ヨハネ伝」にあるラザロの「死と復活」です。他の福音書にはありませんから、「ヨハネ伝」作者がエルサレムでイエスがメシアとして歓迎される理由づけのために創作したとも考えられます。何故なら事実だとすれば、最大の奇跡だけに「マルコ伝」で記述がないのは不自然ですから。一世紀末になって、ラザロの死に関する真相を知る人がいなくなってから、イエスの奇跡話にしたのかもしれません。

「ヨハネ伝」では、イエスは死後四日も経ったラザロを蘇らせるパフォーマンスを成功させて、人気をかなり回復させています。病気の知らせを聞いてもイエスはすぐにはでかけません。死んでから復活させるパフォーマンスにするために、二日間待って、それからでかけたのです。この旅立ちがガリラヤからの最後の旅になりました。ラザロはエルサレム郊外のベタニアに居ましたから、ラザロを死から復活させることができれば、エルサレムに対する強烈なアピールになるのです。

この事件で最高法院が召集され、イエスに信仰が集まると、神殿も国民もローマに滅ぼされてしまうと、ユダヤの危機が問題になりました。そこで大祭司カイアファがこう言いました。

「あなたがたは何も分かっていない。一人の人間が民の代わりに死に、国民全体が滅びないで済む方が、あなたがたに好都合だとは考えないのか。」（「ヨハネ伝」第一一章49〜50節）

それで難を避けるために、イエス一行は荒れ野に近いエフライムという町に行き、過越祭が近づくのを待ったのです。聖都ではメシアが過越祭が近づけばエルサレムに入城するという伝説めいたものがあったのでしょう。毎年、自称メシアやメシア候補が驢馬に乗って入城し、市民の派手な歓迎を受けたのです。驢馬に乗って入城するという慣習は、あくまで平和的な入城であることを示すためです。そのためにはイエス教団のエルサレム支部に連絡を取り、市民を組織してイエスを歓迎するように準備していたのです。おそらくそのためにイエスは、既にかなり減っていた教団の財力を相当つぎ込んだことでしょう。

共観福音書ではいずれもガリラヤからヨルダン河に沿って南下し、エリコの近くで盲人を癒し、エリコの町で徴税人ザアカイの家に宿をとりました。そこからベタニアを通ってエルサレムに入ったのです。「ヨハネ伝」ではエフライムから過越祭の六日前にいったんベタニアに入り、ラザロのいた家に泊まったのです。それで大群衆がイエスと生き返ったラザロを見に押し寄せます。そして翌日エルサレムにイエスが入ると聞いて、メシアとして迎えたのです。でも「ヨハネ伝」の「ラザロの復活」事件はどうも眉唾ものです。

「一行がエルサレムに近づいて、オリーブ山沿いのベトファゲに来たとき、イエスは二人の弟子を使いに出そうとして、言われた。『向こうの村へ行きなさい。するとすぐ、ろばがつないであり、一緒に子ろばのいるのが見つかる。それをほどいて、わたしのところに引いて来なさい。もしだれかが何か言ったら、「主がお入り用なのです」と言いなさい。すぐ渡してくれる。』それは、預言者を通して言われていたことが実現するためだった。『シオンの娘に告げよ。「見よ、お前の王がお前のところへおいでになる、柔和な方で、ろばに乗り、荷を負うろばの子、子ろばに乗って。」』

弟子たちは行って、イエスに命じられたとおりにし、ろばと子ろばを引いて来て、その上に服をかけると、イエスはそれにお乗りになった。大勢の群衆が自分の服を道に敷きまた、ほかの人々は木の枝を切って道に敷いた。そして群衆は、イエスの前に行く者も後に従う者も叫んだ。『ダビデの子にホサナ。主の名によって来られる方に、祝福があるように。いと高きところにホサナ。』（「ホサナ」はかけ声、強いて訳せば「我らを救いたまえ」）イエスがエルサレムに入られると、都中の者が、『いったい、これはどういう人だ』と言って騒いだ。そこで群衆は、『この方は、ガリラヤのナザレから出た預言者イエスだ』と言った。」（「マタイ伝」第二一章1～11節）

イエスがろばの手筈について予め連絡をつけていて、弟子に命じたのです。未来予知でもなんでもありません。ろばに乗るのは、毎年現れるメシアは人民に代わって荷を背負うからです。群衆がメシアのために服を道に敷いたのは、メシアに対して慣習的に服を敷いていたからでしょう。メシア候補としての歓迎を受けた人は、神殿で説教したりしたのでしょう。少々のことは黙認されることになっていたかもしれません。しかしこのメシア候補がやりすぎて、トーラー秩序に挑戦したり、ユダヤ社会を危機に陥れたりしますと、神殿権力によって逮捕され、最高法院（サンヘドリン）で裁判にかけられ、死刑の場合は、ローマ帝国のユダヤ総督に引き渡されます。

神殿から商人を追い出す

イエス一行がろばに乗ってエルサレムに入城したのは、安息日である土曜日の翌日の日曜日でした。その日は「マルコ伝」では神殿の様子を見ただけで、ベタニアに引き上げています。当時の一日は夕方から夕方までです。神殿の様子を見ているうちに、日が傾いてきたのです。それでその日も終わりだということで、引き揚げたわけです。ですから神殿で商人を追い出す「宮清め」を行ったのは、月曜日のことだったのです。「ヨハネ伝」ではベタニアのラザロのいた家から月曜日の朝にエルサレムに入って、大歓迎されますが、「宮清め」にはふれていません。

「それから、一行はエルサレムに来た。イエスは神殿の境内に入り、そこで売り買いしていた人々を追い出し始め、両替人の台や鳩を売る者の腰掛けをひっくり返された。また境内《けいだい》を通って物を運ぶこともお許しにならなかった。そして人々に教えて言われた。『こう書いてあるではないか。「わたしの家は、すべての国の人の祈りの家と呼ばれるべきである。」ところが、あなたたちはそれを強盗の巣にしてしまった。』祭司長たちや律法学者たちはこれを聞いて、イエスをどのようにして殺そうかと謀った。群衆が皆その教えに打たれていたので、彼らはイエスを恐れたからである。夕方になると、イエスは弟子たちと都の外に出て行かれた。」（「マルコ伝」第一一章15～19節）

イエスには神殿こそ真の我が家であるという思いが強いのです。神に捧げられたということが、イエスの原体験になっていますからね。ですから神聖な境内を金儲けの場所にして汚している商人たちを追い払ってしまったのです。自分自身が汚されている気持ちだったのでしょう。ここは祈りの家だから商売なんてもっての他だという論理です。しかし、数百年間神殿の境内で商売を許されていた商人にとりましては、まことに理不尽な話ですね。何の権利があって、排除するのかと反発したことでしょう。

でもイエスの「宮清め」は、原理主義的でメシアらしい行動ですから、民衆の支持を受け、イエスは神殿を使って、説教とパフォーマンスを始めたのです。「宮清め」の狙いは単に神殿を汚す行為を止めさせるところにだけあったのではありません。どうも商人たちの活動が、イエスたちのパフォーマンスに邪魔になると考えたからこそ、商人たちを追い出したのです。

祭司長たちがイエスを殺そうと考えたのも分かります。まずイエスが「宮清め」とかいって乱暴を働いたわけですから、神殿権力にとってはこれこそ、神殿を冒瀆するとんでもない行為です。神殿で商売を許可すれば、祈りの家を汚すことになるかどうかは、見解の分かれるところです。境内での商売を認めた方が、参拝者が増加して献金が増えたり、商売人からも所場代が取れて、神殿財政が潤います。その上、神殿に対する民衆の親しみも増して、宗教上の効果も期待できるかもしれません。中世のドイツの教会では教会の軒下に店が並んでいたりします。

神殿運営について意見があれば、合法的、非暴力的なやり方で当局に訴えるべきで、個人の判断で、直接排除行動にでれば、神殿権力を無視し、自ら神殿を占拠していることになってしまいます。イエスのやり方を容認すれば、個人や集団の判断で神殿を巡ってゲバルトが頻発《ひんぱつ》するようになり、神殿の機能が麻痺《まひ》することも考えられます。

天からか人からか

イエスは神殿で説教してから、目の見えない人や足の不自由な人を癒されたのです。それで幼児までも「ダビデの子にホサナ」とイエスを讃えました。その日、火曜日の夜はまたベタニアで泊まったのです。そこまでは順調ですから、イエスは意気軒昂で全能幻想の固まりになります。

明朝、まだ火曜日ですよ、都に帰る途中、空腹を覚えたので無花果《いちじく》の木を見て、実をとろうとしますが、実がついていないので、「今から後いつまでも、お前には、実がならないように」と呪《のろ》いの言葉をかけて、無花果の木を枯らしてしまいます。弟子たちが驚きますと、信じて疑わないなら、山に「立ち上がって、海に飛び込め」と言えば、その通りになる。求めるものは何でも得られると言うのです。
火曜日の神殿では祭司長や民の長老たちが近寄ってきて、神殿で教えているイエスに問いただします。

「『何の権威でこのようなことをしているのか。だれがその権威を与えたのか。』イエスはお答えになった。『では、わたしも一つ尋ねる。それに答えるなら、わたしも、何の権威でこのようなことをするのか、あなたたちに言おう。ヨハネの洗礼はどこからのものだったのか。天からのものか、それとも、人からのものか。』彼らは論じ合った。『「天からのものだ」と言えば、「では、なぜヨハネを信じなかったのか」と我々に言うだろう。「人からのものだ」と言えば、群衆が怖い。皆がヨハネを預言者と思っているから。』そこで、彼らはイエスに、『分からない』と答えた。すると、イエスも言われた。『それなら、何の権威でこのようなことをするのか、わたしも言うまい。』」(「マタイ伝」第二一章23~27節)

月曜日だけでなく、火曜日も我が物顔に神殿の境内で教えているのに対して、神殿権力としても黙認できないということで、だれの許可を得て、ここで説教などをしているのかとイエスに問いただしたのに対して、イエスは直接答えないで、逆に質問しました。それにきちんと答えてくれれば、だれの権威で説教しているか答えると言ったのです。そのイエスが考案した質問は、「バプテスマのヨハネは、人々に洗礼を行いましたが、彼は果してどこから洗礼を行う権威を与えられていたのでしょう。その権威は天の父から与えられていたのでしょうか。それともだれか別の人から与えられていたのでしょうか」というものでした。さあ神殿権力者たちは大弱りです。

もし「天から与えられたものだ」と認めますと、ヨハネを信じなかった彼らは、神に背いたことになります。でも反対に「人からだ」と答えますと、イエスと神殿権力の問答を聞いている群衆が怖いのです。だって群衆はバプテスマのヨハネを預言者だと信じていますから。群衆を敵に回してしまいます。それで結局、神殿権力は「分からない」としか答えられなかったのです。そこでイエスも「それじゃあ、わたしもだれからここで説教したり、パフォーマンスをする権威を与えられたか返事はできません」とやり返したのです。

そしてイエスは話をしました。ヨハネが義の道を示したとき、祭司長や民の長老たちは信じなかったが、徴税人や娼婦たちは信じた。しかしそれを見ても、祭司長や民の長老たちは後で考え直して信じようとしなかった。だから徴税人や娼婦たちの方が先に神の国に入るだろうと話したのです。

「ぶどう園と農夫」の話

さらにイエスは「ぶどう園と農夫」の話をして、神殿権力を追い詰めます。イエスをメシアと認めて、神殿を明け渡すか、それともイエスを殺すか二者択一しかありえなくしたのです。その場合、論戦と奇跡のパフォーマンスによって、イエスが群衆の圧倒的支持をかち得れば別ですが、聖都エルサレムは何といっても神殿中心の都市でしたから、経済的にも神殿中心に動いています。ですから神殿の権威に挑戦しすぎると、かえって群衆を敵に回すことになってしまいます。

ぶどう園を農夫たちに貸して旅に出た農園主は、収穫の時に年貢を受け取りに僕《しもべ》を送りますが、農夫たちは彼を袋叩きにして何も持たせずに帰します。次に送った僕も殴られ侮辱されます。三人目は殺されてしまいます。何人送ってもみんなひどい目に遇わされるだけなので、とうとう跡取り息子を送りますが、農夫たちは跡取り息子を殺せば相続財産は我々のものになると言って、捕まえて殺してしまいます。そうすれば、農園主は戻ってきて、農夫たちを皆殺しにし、他の人に農園を任せるに違いないという話をしたのです。

もちろんこの農園主は天の父なる神で、その僕たちは預言者たちです。そして農夫たちは祭司たちや律法学者たちです。「ルカ伝」第一三章34節に「エルサレム、エルサレム、預言者たちを殺し、自分に遣わされた人々を石で打ち殺す者よ」とあります。そして跡取り息子がイエスなのです。ですから祭司たちや律法学者たちは神の審判で必ず滅ぼされます。あるいはゲヘナの血の池です。こういう話の筋立てですと、予め祭司たちや律法学者たちは悪いと決めつけられています。そしてイエスは神の子として正義でしかあり得ません。これでは罪を認めて懺悔し、イエスに帰依するかどうか迫られているのです。

具体的にどういう宗教的な問題があるのか、真剣な対話をしようというのじゃないのです。神やメシアの捉え方、神殿のあり方、祭儀の仕方、トーラーの内容等について、原理的に問いなおして対話していくような姿勢はありません。ですから、神殿権力としてはイエスをメシアと認めない限り、イエスを神殿を冒瀆する者として処罰する以外に方法がないのです。でも群衆は洗礼者ヨハネの後に現れた預言者、あるいはメシア候補としてイエスに驚嘆している状態でしたので、その場ではイエスを逮捕するわけにいかなかったのです。

イエスたちは無防備ですから、少々群衆が騒いでも、守備兵力を持っている神殿権力が簡単にイエスを逮捕できないはずはないと思われるかもしれませんが、エルサレムというのはそれほどの大都会ではありません。南北一キロメートル、東西八百メートルほどの町です。東京の皇居の中に入ってしまう程度の広さだったのです。ローマ帝国に支配されていますので、兵力保有に制限があり、群衆が騒げばこれを抑えられるだけの兵力はなかったでしょう。

カエサルのものはカエサルに

そこでファリサイ派やヘロデ派は、イエスの言葉尻を捉え、罠に掛けようとします。そして、ローマ皇帝に税金を納めるのは律法に適っているかどうか尋ねたのです。もし払うべきでないと言えば、ローマ皇帝に背くことになり、ローマ軍に捕らえさせることができます。払うべきだと言えば、ローマの支配を認めたことになり、ユダヤに対する裏切りです。とてもメシアの資格はないと言いふらすことができます。

「イエスは彼らの悪意に気づいて言われた。『偽善者たち、なぜ、わたしを試そうとするのか。税金に納めるお金を見せなさい。』彼らがデナリオン銀貨を持って来ると、イエスは、『これは、だれの肖像と銘か』と言われた。彼らは、『皇帝のものです』と言った。すると、イエスは言われた。『では、皇帝のものは皇帝に、神のものは神に返しなさい。』彼らはこれを聞いて驚き、イエスをその場に残して立ち去った。」（「マタイ伝」第二二章18～22節）

デナリオン銀貨には、ローマ皇帝の肖像があるのですから、元々ローマ帝国の本国で鋳造されたものなのでしょう。ローマから入って来たものですから、ローマに返せばいいじゃないかという理屈です。そして「神のものは神へ」というのは、神殿税に関して言われていると田川健三著『イエスという男』[1]（三一書房）は解釈しています。ローマ帝国からも神殿権力からも税を取られているわけです。税というのは強制的なものですから、払いたくなくても、払わざるをえないわけで、律法の問題ではないわけです。だから皮肉で取れるものなら取っていけ、という気持ちで言っているのです。

一般にはこの「皇帝のものは皇帝に、神のものは神に返しなさい。」は、政治権力には反抗しないで従うが、内面の信仰はしっかり神と繋がっているという意味に受け止められてきました。

ともかくこの回答は、イエスがローマ帝国からのユダヤの解放を掲げないということと解釈されています。ユダヤ解放を指導するはずのメシアを待望していた民衆は、このイエスの言葉にかなりの幻滅を味わったようです。

イエスには「愛の解放戦略」があります。ローマ帝国の支配に対して憎しみで対抗するのではなく、「汝の敵を愛し、汝を迫害する者のために祈れ」という言葉通り、愛で接すれば、ローマには普遍的な宗教がないのですから、ローマ全体をイスラエルにすることだって、できるはずなのです。ところが未来永劫ユダヤ人だけがイスラエルであるという立場では、ローマ帝国に対して武力で解放せざるを得ません。たとえそれができたとしても、またいずれもっと強大な帝国に統合されてしまいます。ですからローマ帝国に対しては武器をとることが解放の道なのではなく、武器を捨てて愛に生きることこそが解放の道なのです。しかしその原理をこのラストウィークの間に群衆に納得させることは不可能でした。

死んだ者の神ではなく、生きている者の神

祭司階級はサドカイ派に属しています。サドカイ派は復活があることを否定しているのです。でも人間はだれでも何らかの意味で、矛盾したことですが、死んでも生きると思いたい不死願望を持っています。それでサドカイ派は生命＝魂の輪廻転生を信じていて、別の人間になって生まれ変わるとしますが、終末が来て、すべての人が復活させられ、審判を受けて、楽園かゲヘナに分かれるというような捉え方はしていなかったのです。それで復活説の矛盾を指摘しています。

兄が妻を娶《めと》り、子がいなくて死んだ場合、弟は兄の妻を娶り、兄の跡継ぎをもうけなければならないというトーラーがあります。七人兄弟がみんな子をもうけないで次々死んだ上に、その妻も結局死んだとしますと、この女は復活したらだれの妻になるのかと、サドカイ派の人がイエスに尋ねたのです。つまり復活説は不合理だと言いたいのです。

「イエスは言われた。『この世の子らはめとったり嫁いだりするが、次の世に入って死者の中から復活するのにふさわしいとされた人々は、めとることも嫁ぐこともない。この人たちは、もはや死ぬことがない。天使に等しい者であり、復活にあずかる者として、神の子だからである。死者が復活することは、モーセも「柴」の個所で、主をアブラハムの神、イサクの神、ヤコブの神と呼んで、示している。神は死んだ者の神ではなく、生きている者の神なのだ。すべての人は、神によって生きているからである。』そこで律法学者の中には、『先生、立派なお答えです』と言う者もいた。彼らは、もはや何もあえて尋ねようとはしなかった。」（「ルカ伝」第二〇章34～40節）

復活するということは、厳密には同じ人格のまま生き返るということです。そうしますと性別も同じだと思われがちですが、男も女もないんです。といいますのが、次の世ではもはや死ぬことがなく、天使と等しく、復活に預かる者として神の子であるとされます。子供を生みますと死なないので後がつかえます。そこで性もなくなるというのです。

復活や甦りについては、意外かもしれませんが、『旧約聖書』には明確な言及がないんです。復活説には、一つはイスラム教の『クルアーン』でははっきりしていますが、終末が来て、全ての死者が神の前に引き出される復活があります。これは全員復活説ですね。これは神の審判によって、楽園かゲヘナの煮えたぎる血の池かに分かれます。いずれも未来永劫続くとされます。それに対して選ばれた者の復活説があります。どうもイエスは後者のようです。「次の世に入って死者の中から復活するのにふさわしいとされた人々」は「もはや死ぬことはない」とされています。また「復活にあずかる者として、神の子」になるとされています。復活させられるということが、審判によって永遠の命を与えられたということになるのです。

「死者が復活することは、モーセも『柴』の個所で、主をアブラハムの神、イサクの神、ヤコブの神と呼んで、示している」とはどういう意味でしょう。アブラハム、イサク、ヤコブはユダヤ人の祖先です。彼らは死者だと思われますね。ところがイエスは「アブラハムの神」という言葉が、アブラハムの復活を示しているというのです。つまりアブラハムは、神によって復活させられて、生きているというのです。ちなみに、こういう復活解釈をキリスト教の牧師さんに聞いたことがあります。もう三十年以上になりますが。その方のお話では、死は神の懐に入るようなもので、この世の目から見ると消滅してしまったかのように思えますが、神の懐の中では生きているんだということです。つまり大いなる命としての神の中では復活して生きているということです。

「神は死んだ者の神ではなくて、生きている者の神である」というのは、死者の復活を否定しているのではありません。神は、死んでしまって復活していない死者の神ではありませんが、まだ一度も死んだことのない生きている者と、死者の中から復活にあずかって生きている者との神であるという意味なのです。ところでファリサイ派は復活を信仰していたでしょうか。彼らはトーラーを遵守することによって、神の国に入れると考えていましたから、死んでも神が復活させて、神の国で生きているというように捉えていたと思われます。

神への愛と隣人への愛

イエスの復活解釈については律法学者の中で感心した者もいたようです。イエスは律法学者たちをバプテスマのヨハネのようにファリサイ派として、ひとまとめにこき下ろしますが、真面目に神の義を追求していた人もたくさんいたのです。特にトーラーとトーラーが矛盾する場合、どのトーラーを優先すべきかが問題になり、全てのトーラーの基礎となるトーラーとは何かが、律法学者の中でも議論されていました。

「彼らの議論を聞いていた一人の律法学者が進み出、イエスが立派にお答えになったのを見て、尋ねた。『あらゆる掟のうちで、どれが第一でしょうか。』

イエスはお答えになった。『第一の掟は、これである。「イスラエルよ、聞け、わたしたちの神である主は、唯一の主である。心を尽くし、精神を尽くし、思いを尽くし、力を尽くして、あなたの神である主を愛しなさい。」第二の掟は、これである。「隣人を自分のように愛しなさい。」この二つにまさる掟はほかにない。（律法全体と預言者は、この二つの掟に基づいている。――「マタイ伝」）』

律法学者はイエスに言った。『先生、おっしゃるとおりです。「神は唯一である。ほかに神はない」とおしゃったのは本当です。そして「心を尽くし、知恵を尽くし、力を尽くして神を愛し、また隣人を自分のように愛する。」ということは、どんな焼き尽くす献げ物やいけにえよりも優れています。』

イエスは律法学者が適切な答えをしたのを見て、『あなたは神の国から遠くない』と言われた。もはや、あえて質問する者はなかった。」（「マルコ伝」第一二章28～34節）

この律法学者はイエスと同じ意見です。「神への愛」と「隣人への愛」に生きることで、たとえトーラーを字句通りに実行できなくても、全てのトーラーを成就していることになるのです。ではこの問題に関してイエスの思想に独創性はないのでしょうか。田川健三の『イエスという男』[2]（三一書房刊、三三頁～三四頁）では、次のようなユダヤ教の文献が紹介されています。

「自分にとっていやなことは、隣人に対してもなさぬがよい。これが律法のすべてであり、他はすべてその解釈にすぎぬ。行って、このことを学ぶがよい。」（イエスより一、三十年前のラビ・ヒレルの言葉）

「己の如く隣人を愛すべし。これこそ律法の中で最も重要で、かつ包括的な基本の戒めである。」

（紀元後二世紀はじめのラビ・アキバの言葉）

「私は心をつくして主とすべての人々とを愛して来た。子らよ、汝らもそのようにせよ」（『イッカサルの遺言』、『十二族長の遺言』より）

「生命をつくして主を愛し、またまことの心をもって互いに愛しあえ」（『ダンの遺言』、『十二族長の遺言』より）

それでこの二つの愛の教説はユダヤ教の共通認識だったのに、キリスト教が、これこそはキリスト教の専売特許のように言いふらすのはどうかと、田川はキリスト教の姿勢にクレームをつけています。田川の言う通りなのですが、それでも私は、次の点にイエスの独創性を認めたいと思います。イエスはこの二つの愛の教説に「律法全体と預言者」を包み込んでしまうことにより、「トーラーの呪い」から民衆を解放し、律法中心主義を超えて、「メシアによる救い」の立場を打ち出すことができたのです。

つまりこの二つの愛の教説もトーラーとして捉えている限り、自らが救われるために愛することになり、そんなものは愛と言えなくなってしまうので、かえって神を欺く罪になってしまいます。ユダヤ教では、あくまで「トーラーの呪い」から抜けられなかったのではないでしょうか。イエスはそのことに気づきましたから、自分は「トーラーの呪い」から民衆を解き放つ原理を掴んだと確信したのです。

「トーラーの呪い」からイスラエルを解放することで、二つの愛に生きる「神の国」が到来するのですから、この原理に気づいたイエスはメシアの自覚を抱いたのです。イエスは「二つの愛」の教説が自分の力だけで気づいたのではなく、そこに大いなる力が自分に働いて気づいたに違いないと思いました。それは聖霊が自分には宿っているからだと思われたのです。ではその聖霊は果していつ宿ったのでしょう。はじめて神殿に捧げられた時に聖霊が宿ったのか、バプテスマのヨハネに洗礼を受けた時に天から聖霊が降りたのか、荒れ野の修行でサタンを退けた時か、ともかくイエスは「二つの愛」の教説に気づいた時に自分の中に聖霊が宿っていることをはっきりと自覚したのです。

メシアはダビデの子か？

メシアはダビデの子つまりダビデの子孫であるということは、常識です。イエスがエルサレムに入城したときも「ダビデの子にホサナ」と歓迎されたのです。イエスがメシアであるのは、イエスがダビデ王の子孫であることを前提にしていました。ということはイエスがダビデ王の子孫ではないことが明白になれば、イエスはとんでもない偽メシアだということになりかねません。そこでファリサイ派やヘロデ派もイエスの家系図を手に入れようとし、その信憑性《しんぴょうせい》を調査していたことと考えられます。

福音書はキリスト教団が編纂《へんさん》したものですから、イエスにとってあまりにイメージダウンになることは書けません。この神殿での論争はイエスが圧倒的に優勢のように書かれていますが、「ぶどう園と農夫」の話は、独善的だと思った人も多かったでしょうし、「カエサルのものはカエサルへ」もメシアらしからぬ発言だと失望を与えました。「復活についての問答」は要領を得ません。「二つの愛」の教説では、律法学者と共感し合うばかりです。だからイエスの独創性がどこにあるのか分かりにくかった聴衆も多かったでしょう。

いよいよイエスの家系が問題にされ、ダビデ王の子孫であるという証明を求められたのです。ところが「マタイ伝」と「ルカ伝」では家系図が違いますね。どちらが本当なんだか分かりません。そういう質問などがあったかもしれません。イエスはそういう質問に対して、無視を決め込んで、メシアはダビデの子ではないことを論証したのです。

「イエスは言われた。『ではどうしてダビデは、霊を受けて、メシアを主と呼んでいるのだろうか。「主は、わたしの主にお告げになった。『わたしの右の座に着きなさい。わたしがあなたの敵をあなたの足もとに屈服させるときまで』と。」このようにダビデがメシアを主と呼んでいるのであれば、どうしてメシアがダビデの子なのか。』これにはだれ一人、一言も言い返すことができず、その日からは、もはやあえて質問する者はなかった。」（「マタイ伝」第二二章43～46節）

この問答でも相手をギャフンと言わせたみたいに書かれていますが、民衆のイエスがメシアかもしれないという期待は、ダビデ王の子孫かどうか怪しいという印象を受けたことで、ずいぶん萎《しぼ》んでしまったでしょう。

この「ダビデの子」問題で、イエスは、イエスの素性を追求した律法学者やファリサイ派の人々に腹を立てます。彼らが退席してから、彼らを口汚く罵《ののし》ります。いわく、「有言不実行」「人に重荷を背負わせて、自分は手を貸さない」「虚飾」「上席を取りたがる」「先生と呼ばれたがる」「偽善者」「ものの見えない案内人」「正義・慈悲・誠実を蔑《ないがし》ろにしている」「外側は正しいように見えながら、内側は偽善と不法に満ちている」「預言者を殺した者の子孫」「蛇よ、蝮の子らよ」等です。

一般の地の群れ（アムハーレツ）と呼ばれた民衆は、ファリサイ派達の偽善者ぶりに憎悪を抱いていたことは事実でしょうが、イエスが演説をした場所は、聖都のエルサレム神殿の境内です。いわばサドカイ派やファリサイ派の牙城です。聴衆の中には純粋の地の群れでない人も多かったでしょう。もちろん良心的で、立派な祭司や律法学者もいます。それに祭司や律法学者は、わざとイエスにはていねいな言葉遣いで話します。それでイエスがあまりに口汚く罵りますと、ゴロツキにしか聞こえません。それにイエスはガリラヤ方言のなまりが強かったと思われますから、興奮しますと、つい河内弁でがなっているように柄が悪く聞こえたかもしれませんね。

神殿の崩壊を予告する

さんざん悪態《あくたい》をついた挙げ句、火曜日も終わりに近づき神殿を後にします。帰り際には聴衆の反応がかなり白けていたのでしょう。イエスはかなり自信をなくし、落ち込んでいます。それで神殿に不吉な呪いの言葉を投げつけます。

「イエスが神殿の境内を出て行かれるときに、弟子の一人が言った。『先生、御覧ください。なんとすばらしい石、なんとすばらしい建物でしょう。』イエスは言われた。『これらの大きい建物を見ているのか。一つの石もここで崩されずに他の石の上に残ることはない。』」（「マルコ伝」第一三章1～2節）

ヘロデ大王が改築したエルサレム神殿は、まだ真新しく大変豪壮な建築だったと言われています。イエスはエルサレム神殿こそ、たくさんの預言者を殺してきたと思っていますし、自分もその犠牲者になると思っていました。イエスにすれば、そんな神殿は呪われていますから、神がユダヤの敵の力を借りて、神殿を崩壊させるに違いないのです。イエスの処刑後四〇年で実際に、熱心党がユダヤ解放戦争を指導しましたが、エルサレムは陥落して、神殿は崩壊しました。イエスの予告は見事に当たったのです。それはイエスを退けたため、「愛の解放戦略」を実行することができず、やがてユダヤ解放戦争を主張する熱心党が台頭したからです。

神殿崩壊のイメージは、イエスの潜在意識の中では、神に対する相反並存感情（アンビバレンツ）が作りだしています。神に捧げられたという原体験が、イエスのコンプレックスを形成しています。プラス面では神との合一感から全能意識が人並みはずれていますから、強い「神の子」幻想を与え、宗教家としての資質を高めました。しかしマイナス面では、神に捧げられてしまったという心の疵《きず》になり、家族との疎隔《そかく》感情が生まれました。天の父が住んでいるとされる神殿の崩壊は、ナザレの大工の息子としての自分を取り戻したいという願望から生じたイメージでもあるのです。

終末の徴と苦難の予告と人の子の到来

イエス一行は神殿を出て、水曜日からは城外のオリーブ山で夜を過ごします。そこで弟子たちに終末の徴《しるし》について話しました。その話によりますと、イエスの再来と名乗る者が大勢現れ、終末を告げて皆を惑わします。戦争騒ぎが起こりますが、まだ世は終わりません。地震や飢饉が起こり、使徒たちは大変な弾圧を受け、聖霊に導かれて証をします。イエスから聖霊を受け継いでいるので、使徒ではなく、聖霊が話すのです。家族も分かれて殺し合うようになります。イエスの弟子だということで弟子たちはすべての人に憎まれますが、しかし最後まで耐え忍べば救われます。

そして憎むべき破壊者が立ってはならない所に立つのを見たら、山に逃げなさい、大変な苦難が来ます。天地がひっくりかえるぐらいの未曾有《みぞう》の苦難が来るというのです。そして偽メシアや偽預言者が現れますが、惑わされてはならないのです。

「それらの日には、このような苦難の後、太陽は暗くなり、月は光を放たず、星は空から落ち、天体は揺り動かされる。そのとき、人の子が大いなる力と栄光を帯びて雲に乗って来るのを、人々は見る。そのとき、人の子は天使たちを遣わし、地の果てから天の果てまで、彼によって

選ばれた人たちを四方から呼び集める。」（「マルコ伝」第一三章24〜27頁）

終末のイメージは大戦争や天変地異が起こり、未曾有の苦難をなめ尽くした後で、終末になるということです。なぜなら多くの預言者や人の子を殺してきたので、その報いとして終末までにもかなりの苦難を耐えなければなりません。そして太陽、月、星、という天体までも揺り動かされた上で、人の子が雲に乗って再臨するというのです。イエスは自分が神に捧げられた「神の子」として、世を救う使命を宿命として果たそうとしたのです。それに対してサドカイ派、ファリサイ派、ヘロデ派などのユダヤ社会の既成権力だけでなく、結局民衆も彼を見捨てたわけですから、世を恨む心が強くなっていたのです。一般人が世に恨みを持ちましても、その反社会的行動は法規や慣習・道徳を蹂躙《じゅうりん》する程度で済みますが、イエスのように自らを絶対者と一体化させて捉える「神の子」の場合は、審判が「ノアの洪水」「ソドム」といった絶滅イメージで捉えられがちです。

人の子は殺されていますから、雲に乗って再臨するのなら、復活させられていることが前提です。その場合、地上で肉体を持ったままで復活すると考えられていたのでしょうか。でもイエスは聖霊の弟子への引き継ぎを考えていましたから、三日目の復活では弟子の中に聖霊としても復活することを考えていました。

そして雲に乗って再臨する「人の子」はおそらく神の懐で復活させられたイエスを指しているのです。

第九章　最後の晩餐

貧しいやもめの献金

「ルカ伝」によりますとイエスは日中は神殿で境内で教え、夜は出て行って「オリーブ畑」と呼ばれる山で過ごされたことになっています。火曜日に「ダビデの子問答」の後、律法学者を非難してから、「やもめの献金」の話をしています。金持ちが大金を献金するのに対して、貧しいやもめが銅貨二枚を賽銭箱に入れました。

「確かに言っておくが、この貧しいやもめはだれよりもたくさん入れた。あの金持ちたちは皆、有り余る中から献金したが、この人は、乏しい中から持っている生活費を全部入れたからである」（「ルカ伝」第二〇章3～4節）

生活費を全部入れてしまったら、貧しいやもめは生きていけませんね。財布からなけなしの金をはたいて献金したかもしれませんが、家には生活費ぐらいはあるのでしょう。イエスはあくまでも、見本として貧しいやもめの献金を取り上げているのです。本当に真剣な信仰ならば、神に全てを捧げる覚悟がなければならないというのです。ゆとりの一部を神に捧げて、保身をはかるのは神を自分の道具として扱っているのであり、真実の信仰とは言えないことになります。このことはとりもなおさず、イエスたちの信仰は自らの全てを投げ出した信仰であることをアピールしているのです。

「神殿の崩壊」から後はオリーブ山で弟子に話されたことです。水曜日・木曜日に神殿で話された内容は伝わっていません。その理由は分かりませんが、イエスの話が何曜日に何が話されたかはっきりしていないので、二日間の話になってしまったと推察できます。あるいは水曜日・木曜日の話の時には、火曜日のイエスの説教が内容的に民衆のメシア待望に幻滅感を与えるものでしたので、民衆がほとんど集まらなかったのかもしれません。それで弟子たちにも強い印象を与えなかったとも想像できます。

イエスを殺す計画

「『あなたがたも知っているとおり、二日後は過越祭である。人の子は十字架につけられるために引き渡される。』そのころ、祭司長たちや民の長老たちは、カイアファという大祭司の屋敷に集まり、計略を用いてイエスを捕らえ、殺そうと相談した。しかし彼らは『民衆の中に騒ぎが起こるといけないから、祭りの間はやめておこう』と言っていた。」（「マタイ伝」第二六章2～5節）

過越祭はユダヤ暦ニサン月（およそ四月）一五日です。この過越祭は土曜日の夜です。つまり金曜日の昼の後にすぐ土曜日の夜に入るのが当時のユダヤ暦ですよ。日没から日没までが一日ですので、誤解のないようにしてください。この最後の晩餐は、その二十四時間前でしたから金曜日が始まったばかりの夕方六時からでした。安息日や過越祭の日に処刑しますと、祭りを汚したと民衆が騒ぐ恐れがありますので、逮捕・裁判・処刑は急がなければなりません。イエスもその事情は分かりますから、逮捕が間近に迫っていると察知していました。

ベタニアの香油とユダの裏切り

夜はオリーブ山にいたことになっていますが、「マタイ伝」と「マルコ伝」ではその夜はベタニアの癩病の人シモンの家に行ったことになっています。距離的にそう離れていませんから、オリーブ山からベタニアに行ってもおかしくありません。そこで一人の女が極めて高価な香油をイエスの頭に注ぎかけたのです。これを見て、弟子たちがぜいたくを咎めたのです。高く売って貧しい人に施すことができたのにと憤慨しました。そこでイエスは弟子たちにこう言われたのです。

「なぜ、この人を困らせるのか。わたしに良いことをしてくれたのだ。貧しい人々はいつもあなたがたと一緒にいるが、わたしはいつも一緒にいるわけではない。この人はわたしの体に香油を注いで、わたしを葬る準備をしてくれた。はっきり言っておく。世界中どこでも、この福

音が宣べ伝えられる所では、この人のしたことも記念として語り伝えられるだろう。」（「マタイ伝」第二六章10〜13節）

イエスを葬る準備のつもりで女が香油をかけたわけではないでしょう。普通は腐臭を防ぐために死んでからかけるものですから。生きているうちにかけますと縁起でもないということになります。それよりイエスに香油をかけてユダヤの王にふさわしい雰囲気を醸《かも》しだそうとしたはずです。ですからイエスが貧しい民衆の指導者だと考えていた弟子にすれば、香油の匂いのするイエスなんてナンセンスなのです。それでイエスが女を庇《かば》ったのは、イエスの貴族趣味のような気がしたんです。そういうわけでこの弟子はイエスに反感を持つことになります。

「ヨハネ伝」にもベタニアの香油の話があります。しかしそれは過越祭の六日前です。それはラザロが居た家なんです。香油をかけた女はマグダラのマリアだったのです。

「マリアが純粋で非常に高価なナルドの香油を一リトラ持って来て、イエスの足に塗り、自分の髪でその足をぬぐった。家は香油の香りでいっぱいになった。」（「ヨハネ伝」第一二章3節）

マグダラのマリアはイエスへの思いが深い女性でしたから、この情景からは艶めかしいものすら感じます。これに反感を感じた弟子は、性的なものを感じて腹をたてたのかもしれません。実は、マリアに憤慨したイエスの弟子は、「ヨハネ伝」ではイスカリオテのユダだったことになっています。

「弟子の一人で、後にイエスを裏切るイスカリオテのユダが言った。『なぜ、この香油を三百デナリオンで売って、貧しい人々に施さなかったのか。』彼がこう言ったのは、貧しい人々のことを心にかけていたからではない。彼は盗人であって、金入れを預かっていながら、その中身をごまかしていたからである。」（同上４～６節）

これに対してイエスのマリア弁護はやはり葬りのためのものだからというものですが、「ヨハネ伝」では、葬儀の六日前ですから、理由になりません。ユダは金入れを預かっていただけに、財政難のおりから、マリアに腹を立てたのは無理もないことです。それをイエスまでも放漫な教団経営を助長するようなことを言うので頭に来たのです。

これで頭に来たユダは、祭司長のところへ行き、銀貨三十枚を条件にイエスを引き渡すことを約束したのでしょう。しかし「ヨハネ伝」ではユダの裏切りはその直前にサタンが入ったことに理由を求めています。ユダの裏切りの決断をいつに求めるべきは、材料が乏しいので決定できませんが、ベタニアの香油事件と神殿での説教の不評が重なった時点でイエスを見限ったと思われます。ただし、これまで師として慕ってきたわけですから、離反はしても、敵に身柄を引き渡すというところまでは簡単にいきません。おそらくベタニアの香油事件に関連して、ぜいたく論争から財政の問題に議論が移りました。それでユダが厳しい節約を求めたのに対して、イエスがユダの横領疑惑を口にしたのでしょう。そのことがユダの裏切りの決意に結びついたと考えられます。ユダはイエスを物神として崇拝していたのです。ところがイエスは物神としての威力を失い、しかも自分に金銭疑惑をかけてきましたから、イエスを神としての崇拝することができなくなりました。物神崇拝（フェティシズム）では、物神が威力を喪失しますと、それに対して破壊攻撃をかけるわけです。ユダもイエスの神性を否定するために、偶像破壊として敵に引き渡したのです(1)。

ユダにすればイエスの神性を否定すれば気が済むわけでした。決してイエスを殺そうとは考えていなかったのです。それにユダは状況認識が甘くて、イエスが十字架刑になるとは思っていませんでした。イエスが貧しい民衆を救うために命を投げ出して頑張っていたことをユダは、痛いほど良く分かっていましたので、ユダは良心の呵責《かしゃく》に耐えられなくなって、十字架刑が決まると、自殺しました。ユダを悪の権化のようにキリスト教徒は扱ってきましたが、悪の権化が良心の呵責で首を括るようなことは決してありません。

過越の食事をする

共観福音書ではいずれも、最後の晩餐は過越の食事だったことになっています。ところがイエスは金曜日の午後三時に絶命したことになっています。そうしますと最後の晩餐はそれから二十時間程前の金曜日の夜だということになります。ということは、この金曜日の夜が過越の食事をしたので、過越祭だったということになります。ところが「ヨハネ伝」ではイエスが絶命したのは過越祭の準備日だとしています。それなら最後の晩餐は過越の食事でなかったはずです。果してどちらが正しいかで、大論争になっているようです[2]。

過越祭と安息日が重なる年である紀元三十年がイエスの処刑された年であるという説が有力なようなので、その観点からは「ヨハネ伝」が正しいことになります。しかし最後の晩餐に過越の食事をしたことは、共観福音書の内容から確かなようです。「ヨハネ伝」には、最後の晩餐でイエスが弟子の足を洗ったことは書いてありますが、過越の食事をしたことや「パンとワインの聖餐」をしたことが書いてないんです。それは「ヨハネ伝」の性格が共観福音書と同じことを書いても無駄だと考えていたからかもしれません。書いてないからといって、過越の食事をしたことや「パンとワインの聖餐」をしたことを否定しているわけではないのでしょう。

イエスは次の日の本番の過越の食事のリハーサルのつもりで、メニューを過越の食事にしたと私は推理しています。ということはイエスは金曜日中には処刑される前提で、過越祭の前日の食事内容を決定していたことになります。

「最後の晩餐」である過越の食事は、都の中でわりと立派な建物で行われました。二階の広間を使って行われたのです。そこでまずイエスは十二人の弟子たちの足を洗います。そして食事中になって、この中に裏切り者がいることを指摘します。イエスはユダが裏切ることが分かっていました。それは彼の横領の疑惑を追求したから、プライドが高いユダのことだから、相当疵つきイエスを逆恨みしているはずだと察していたからです。

「イエスはお答えになった。『わたしと一緒に手で鉢に食べ物を浸した者が、わたしを裏切る。人の子は、聖書に書いてあるとおりに、去って行く。だが、人の子を裏切る者は不幸だ。生まれなかった方が、その者のためによかった。』イエスを裏切ろうとしていたユダが口をはさんで、『先生、まさかわたしのことでは』と言うと、イエスは言われた。『それはあなたの言ったことだ。』」（「マタイ伝」第二六章23節）

パンと赤ワインの聖餐

キリスト教の教会での中心儀式は「パンと赤ワインの聖餐」です。パンや赤ワインを食べてもそれがどうして聖なる食事と言えるのでしょう。そもそも聖なる食事とはどういう意味でしょう。それは聖なるものを食べることなのです。ではどうしてパンや赤ワインは聖なるものなのでしょうか。それはパンがイエス・キリストの肉であり、赤ワインがイエス・キリストの血だからです。そんな馬鹿な、パンは小麦粉を加工した食品だから、イエスの肉ではありえないし、赤ワインはぶどうを発酵させた飲料だから、どう考えてもイエスの血ではありえません。イエスの肉かどうかは成分や味によって決まります。成分も味もパンのものなのに、それを無理にイエスと思えという方が無茶ですね。プラグマティズムの創始者パースもそう言って怒っていました。

宗教のことだから「鰯の頭も信心から」という諺もあるので、科学的に論じても仕方ないとおっしゃる方もおられます。パンや赤ワインを飲食することで、イエスと合一できるなら、簡単だし、安上がりで万人向きでいいやと思われるかもしれません。でも、宗教ならその宗教には独自の一貫した論理があります。八百万《やおよろず》の神々を信仰している日本の神道なら、鰯の頭を信心してもらっても差し支えありませんが、ユダヤ教、キリスト教、イスラム教のような唯一神信仰を掲げている宗教が、仮にも鰯の頭を神だとするわけにはいかないはずです。

パンや赤ワインという食品を神とすることは、やはり物神崇拝（フェティシズム）の一種ですから、それをイエス・キリストの肉や血等と言うことはとんでもない冒瀆行為なのです。でも当のイエス・キリスト自身がパンを自分の肉だといい、赤ワインを自分の血だと言ったのなら、キリスト教徒がそれを受け継ぐのに文句をつけても仕方ないじゃないかと思われますか。では本当にイエスはパンを自分の肉だと言い、赤ワインを自分の血だと言ったのでしょうか。そんなこと言ったとしたら、よっぽどどうかしていたんでしょう。では問題の個所をじっくり検討しましょう。

「時刻になったので、イエスは食事の席に着かれたが、使徒たちも一緒だった。イエスは言われた。『苦しみを受ける前に、あなたがたと共にこの過越の食事をしたいと、わたしは切に願っていた。言っておくが、神の国で過越が成し遂げられるまで、わたしは決してこの過越の食事をとることはない。』

そして、イエスは杯を取り上げ、感謝の祈りを唱えてから言われた。『これを取り、互いに回して飲みなさい。言っておくが、神の国が来るまで、わたしは今後ぶどうの実から作ったものを飲むことは決してあるまい。』

それからイエスはパンを取り、感謝の祈りを唱えて、それを裂き、使徒たちに与えて言われた。『これがあなたがたのために与えられるわたしの体である。わたしの記念としてこのように行いなさい。』

食事を終えてから、杯も同じようにして言われた。『この杯は、あなたがたのために流される、わたしの血による新しい契約である。しかし、見よ、わたしを裏切る者が、わたしと一緒に手を食卓に置いている。人の子は定められたとおり去って行く。だが、人の子を裏切るその者は不幸だ。』そこで使徒たちは、自分たちのうち、いったいだれが、そんなことをしようとしているのかと互いに議論を始めた。」（「ルカ伝」第二二章14～23節）

「苦しみを受ける前に、あなたがたと共にこの過越の食事をしたいと、わたしは切に願っていた」とあります。この最後の晩餐には、単に死の前日を記念する別れの食事というだけじゃない特別の意味があったのです。「イエスはパンを取り、感謝の祈りを唱えて、それを裂き、使徒たちに与えて言われた。『これがあなたがたのために与えられるわたしの体である。わたしの記念としてこのように行いなさい。』」さてこの文章を解釈してください。イエスはパンを自分の体と言っているでしょうか。たしかに「これがあなたがたのために与えられるわたしの体である」とは言っています。しかしパンはイエスの体ではありませんから、イエスがパンを自分の体であるという意味を汲み取る必要があります。

特にクリスチャンの方でパンをイエスの肉だと思い込んでいる人は、一度白紙に戻して教会での聖餐式のことは忘れて考えてみてください。イエスは直ぐにでも逮捕され、裁判にかけられて殺される危険が迫っているのです。ところがイエスは逃げる気はさらさらなくて、やがて襲うだろう最悪のシナリオを受け入れるつもりでいます。そのイエスがパンを裂いて、これが私の体です。これをよく覚えておいて、このように食べなさい。と教えているわけです。つまり最後の晩餐ではパンを食べるのです。イエスの肉を食べるのではありません。でもパンはイエスの体のつもりで食べたのですから、そのように明日の本番の過越の食事には、本物のイエスの肉を食べなさいという意味なのです。

「食事を終えてから、杯も同じようにして言われた。『この杯は、あなたがたのために流される、わたしの血による新しい契約である。』」これも同じように解釈しますと、赤ワインはイエスの血ではないのに、イエスの血だと言っているのですから、今晩は赤ワインをイエスの血のつもりで飲んで、そのことをよく覚えておいて、明日の本番の過越の食事にはイエスの血を飲みなさいという意味なのです。そういうように解釈しないと、なぜ最後の晩餐に始めて「パンとワインの聖餐」を行ったのか分かりません。

少し冷静になって考えてみてください。イエスは後のキリスト教会のように、パンがパンのままでイエスがこれがわたしの体であると言えば、本当にイエスの体になると考えていたと思われますか。イエスにパンをパンの姿や味のままイエスの肉に変え、赤ワインを赤ワインのままイエスの血に変える力があると、イエス自身が考えていたでしょうか。そう考えていたらイエスはフェティシズムに陥っていたことになります。

ですから、現在キリスト教会が「パンと赤ワインの聖餐」を行う際に、フェティシズムで行ってはいけないのです。あくまでも「最後の晩餐」の大切な思い出を記念し、再現する儀式として行うべきです。だからパンをイエスの肉に見立てて食べるのはよいのですが、あくまでパンを食べているのであり、イエスの肉は食べていないことをはっきり分かっていなければ、イエスの行った「最後の晩餐」を記念することにはならないのです。

それではイエスの肉や血を体内に取り込んで、イエスと合一することができなくなるじゃないかと不満な方もおられるかもしれません。個体的にはパンとイエスの肉は全くの他者ですが、イエスは永遠の命である神に帰ったわけです。神を大いなる命と捉《とら》えれば、あらゆるものの中に永遠の命は生きて働いているのです。その意味でパンや赤ワインにもイエスの命が息づいていると言えます。だから永遠の命の循環と共生の中で捉える限り、パンや赤ワインをイエスの命に連なるものとして捉えてもよいことになります。ただし、それはキリスト教会の聖職者のお呪《まじな》いでパンや赤ワインをイエスの命の現れにするのでは決してありません。

それでは「パンと赤ワインの聖餐」があくる日の本番でイエスの肉と血を飲食するリハーサルだったとしたら、なぜ「明日の本番では私の肉と血を飲食しなさい」と明言しなかったのかと疑問に思われるかもしれません。明言したとしても「福音書」には書けなかったのです。書けばキリスト教徒たちは「人喰い集団」だと決めつけられ、皆殺しにされる危険性が高かったのです。

おそらくイエスはスケジュールを示したと思われます。議員ヨセフには墓の世話を頼んでいたでしょうし、三日目の日曜日に墓を暴く手筈も整えていたはずです。そして翌日の聖餐の式場も安全な場所に確保していたと思われます。そうしたことはイエス教団がカニバリズムタブーを犯していた教団として抹殺されるのを防ぐためには、絶対に秘密にしなければならなかったことなのです。

第十章　ゴルゴダへの道

今夜、鶏が鳴く前に三度

「そのとき、イエスは弟子たちに言われた。『今夜、あなたがたは皆わたしにつまずく。「わたしは羊飼いを打つ。すると、羊の群れは散ってしまう」と書いてあるからだ。しかし、わたしは復活したのち、あなたがたより先にガリラヤへ行く。』するとペトロが、『たとえ、みんながあなたにつまずいても、わたしは決してつまずきません』と言った。イエスは言われた。『はっきり言っておく。あなたは今夜、鶏が鳴く前に、三度私のことを知らないと言うだろう。』『はペトロは『たとえ、御一緒に死なねばならなくなっても、あなたのことを知らないなどとは決して申しません』と言った。弟子たちも皆、同じように言った。」（「マタイ伝」第二六章31～35節）

イエスはイエス教団の中心です。イエスがいないイエス教団など考えられません。イエスがいなくなればイエス教団も崩壊してしまうのです。それにイエスが処刑されれば、イエスの仲間ということで、イエスの弟子たちにも同様の罪が着せられかねません。ですからエルサレムにいて

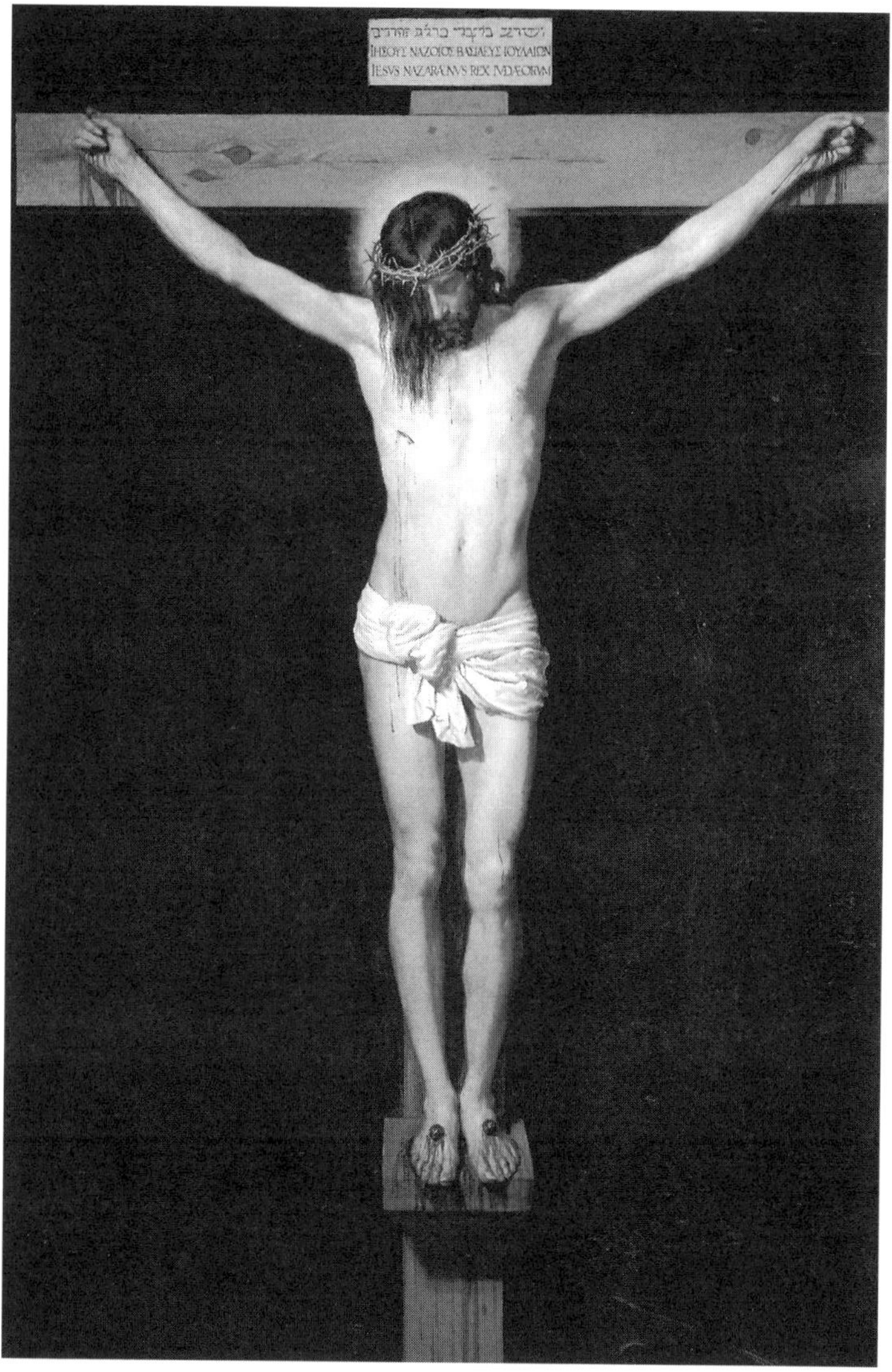

ベラスケス：十字架上のキリストまたはサン・プラーシドのキリスト

は危ないのです。そこでイエスは弟子たちに、処刑後三日目に墓を暴いてから、ガリラヤに戻るように指令していたのです。そのために今までは伝道に行くのに剣は持たなかったが、今はガリラヤに逃避行するのに剣を持って行くように命じます。イエスは、この時、復活をどのように捉えていたのでしょう。イエスは弟子たちに神殿の崩壊や偽メシアの登場、戦乱や飢饉、大地震そしてその中での使徒の受難、そして未曾有の大苦難を経て、その後で人の子（メシア）が雲に乗って来ると予告しています。そうなれば復活したメシアは審判を行い、地上を支配するのですが、それまでイエスはどうなっているのでしょうか。復活してもイエスは活躍しないわけです。では復活してガリラヤに行くイエスはどのような存在なのでしょう。英雄的預言者モーセとエリヤが高い山に現れて、イエスと語るのをペトロ・ヤコブ・ヨハネが目撃する場面があります。モーセやエリヤは復活させられて生きているのですが、活動的な存在ではないのです。おそらくこれはブロッケン現象だったと思われます。ですから三日後の復活も、それと同様ならかなり幻想的で現実感のない形での復活を予想していたのかもしれません。

　でもイエスはイエスの聖餐による聖霊の引き継ぎを弟子に期待していましたから、弟子の中に聖霊が入ることによって、弟子自身が復活のキリストとなることを期待していたのです。三日後の復活も弟子たちの中での聖霊の活動再開を意味していると考えられます。その場合は弟子より先にガリラヤに行くというのは、理屈にあいません。おそらくガリラヤについてイエスが説教や悪霊退散を行った思い出の地に帰ると、聖霊が呼び覚まされて弟子たちが自分たちの中に復活のイエスを確認するという意味かもしれません。

イエスは、最も信頼する弟子ペトロを含めて、皆イエスのことでつまずくと予告しました。「つまずく」というのは、イエスへの帰依を貫けないということなのです。ペトロにすれば、イエスに全身全霊をかけて帰依し、そのことを自らのいきがいにしてきましたから、自分だけはつまずくことはないという自信があったのです。しかしイエスは、ペトロが鶏が鳴くまでにイエスを三度知らないというだろうと、予告しました。これは見事に当たってしまいます。

ペトロはイエスの身を案じて、最高法院が開かれた大祭司の屋敷の中庭に潜行しますが、女中や居合わせた人々に見つけられ問い詰められて、三度イエスを知らないと言います。そしてイエスの予告の言葉を思い出していきなり泣きだしてしまったのです。でももしペトロがここで捕まってしまえば、その後のペトロの活躍もできなかったかもしれません。イエスは、イエスを知らないと言わざるを得ないのは、必然的なことだからこだわらなくてもいいんだと言いたかったのでしょう。でもイエスの言い方だと、それを予告することで、ペトロに負い目を与えているように受け取られます。ペトロが泣きたくなるのも当然ですね。

イエスはひどく恐れて悶えた

イエスは神の子の自覚があり、三日目の復活を信じていましたから、処刑されるのは、それほど恐れなかったと思われますか。それがイエスも人の子ですね。やはり死ぬことは恐ろしかったのです。イエスの弟子たちはイエスに命懸けで帰依していたはずなのですが、やはりどこか他人事のような捉え方なのです。イエスの体からは、恐怖のあまり、汗が血がしたたるように滴り落ちたのです。イエスはもだえ悲しみ、神に祈っています。弟子たちに側にいて、一緒に祈って欲しかったのです。せめて目を覚ましていて欲しかったのです。でも、弟子たちはその間でも側で居眠りしているわけです。その弟子たちに自分の肉や血を与えるのですから、イエスにすれば情けない悔しい思いもあったでしょう。

弟子たちは、本当にイエスの逮捕、処刑があるとは、理屈では分かっていても実感は薄かったのかもしれません。イエスを裏切ったユダにしてもまさか死刑にはなると思っていなかったので、死刑と決まると、自殺したほどです。神殿境内の民衆の反応は次第に白けてきたものの、ファリサイ派の律法学者もイエスを高く評価してくれました。激しくののしられたり、トラブルになったりはしていません。締め出されることはなかったわけです。それでつい気が緩んでいたのかもしれません。「最後の晩餐」の後でも、使徒たちは自分たちのだれが一番偉いか序列を議論していたのです。イエスがいつ捕まえられるか分からないという時にですよ。イエスの生死のことより、何と自分の地位のことを考えていたのですから、本当に不謹慎です。

イエスと弟子たちの気持ちの落差には驚き呆《あき》れます。もちろんイエスが危険を承知で、ペトロの制止に対して「退け、サタン!」と言って、乗り込んだのですから、その結果を見届けてやるしかないという気持ちだったのでしょう。今更恐怖に震えられても、どうしようもないという思いがあったのかもしれません。でもイエスがいかにも神の子だから死ぬことなんか平気だという感じて平然と死を迎えたら、どうでしょう。あまり同情が起きませんね。それより人間らしく死を恐れ悲しみ、悶え苦しんだ方が、それを克服してゴルゴダ(しゃれこうべという意味の名の丘で処刑場）への道を選んだイエスへの思いも強くなります。

皆、イエスを見捨てて逃げてしまった

ついにイエスを捕らえようと、ユダの先導で大勢の群衆が剣や棒を持ってやってきました。大祭司や民の長老たちに煽動された連中です。ユダの合図は、彼がイエスに接吻することです。「先生、こんばんわ」と軽く挨拶《あいさつ》して接吻したのです。「友よ、どうして来たんだい」とイエスが言われました。するとすぐに闖入者《ちんにゅうしゃ》たちがイエスを捕らえたのです。それでイエスの側にいたペトロが剣を抜いて大祭司の手下の右耳を切り落としたのです。これをイエスは制止します。

「『剣をさやに納めなさい。剣を取る者は皆、剣で滅びる。わたしが父にお願いできないとでも思うのか。お願いすれば、父は十二軍団以上の天使を今すぐ送ってくださるであろう。しかしそれでは、必ずこうなると書かれている聖書の言葉がどうして実現されよう。』

またそのとき、群衆に言われた。『まるで強盗にでも向かうように、剣や棒を持って捕らえにきたのか。わたしは毎日神殿の境内に座って教えていたのに、あなたたちはわたしを捕らえなかった。このすべてのことが起こったのは、預言者たちの書いたことが実現するためである。』このとき、弟子たちは皆、イエスを見捨てて逃げてしまった。」（「マタイ伝」第二六章52～56節）

「剣を取る者は皆、剣で滅びる」という言葉は素晴らしい説得力のある言葉ですが、こんな修

羅場でなかなか出る言葉ではありません。原本である「マルコ伝」にはありませんから、「マタイ伝」作者の創作だと思われます。「お願いすれば、父は十二軍団以上の天使を今すぐ送ってくださる」というのも同じことです。でもイエスなら負け惜しみで言いそうですね。自分が都合の悪いことになると、決まって聖書の言葉が実現するためという屁理屈で言い訳します。

イエスは群衆が神殿では納得したような顔をして聞いていたのに、まるで泥棒でも捕まえるように剣や棒を持ってきたことに不可解な思いをしています。まだ神殿の守備隊の連中やローマ帝国軍が来るのなら分かりますが、民衆が捕まえに来たのです。過去に預言者を殺したエルサレムの市民たちの子孫に相応しいかもしれません。また預言者を殺しに来たのですから、これも預言の実現です。多勢に無勢で、その上イエスに闘うことを制止されていますので、弟子たちが逃げだすのは当然です。これを何かユダ同様の裏切りとみなすのは間違っています。

しかし弟子たちにすれば、イエスを置いて逃げてきたことによって、イエスの死に責任を感じ、神の子を殺した罪を自らの殉教によって贖おうとする動機を形成したとも解釈できます。

最高法院でイエスはメシアを自認した

最高法院（サンヘドリン）は、祭司長、長老、律法学者らで構成されているイスラエルの最高会議のようなものです。当然最高裁判所を兼ねているわけです。共観福音書では最高法院で裁判を受けたことになっていますが、「ヨハネ伝」では大祭司カイアファが個人的に尋問しています。

しかし公開処刑に当たるような大事件ですし、ローマ帝国の総督に納得してもらうためには、やはり最高法院が緊急開催されたとみる方が妥当でしょう。
彼らはイエスを死刑にするための証言を求めました。複数の証言を集め、それらに不一致があれば証拠として採用できないので、なかなかイエスを有罪にできません。そこでイエスが神殿の崩壊を預言したことがとりあげられました。エルサレム神殿の信仰が大変強く、神殿を冒瀆する者に対しては死刑に比較的し易かったのです。「マタイ伝」では、「神の神殿を打ち倒し、三日あれば建てることができる」と言ったという証言があったのですが、これについても証言が食い違います。「マルコ伝」では「わたしは人間の手で作ったこの神殿を打ち倒し、三日あれば手で造らない別の神殿を建ててみせる」となっています。さらに「ヨハネ伝」では「この神殿を壊してみよ。三日で建て直してみせる」です。「ヨハネ伝」では「この神殿を建てるのに四十六年もかかったのに、あなたは三日で建て直すのか」とユダヤ人たちに言われています。この場合の神殿は、三日目に甦えるご自分の体のことであったことがわかります。そこで埒《らち》が開かないので大祭司はずばり次のように尋問します。

「大祭司は言った。『生ける神に誓って我々に答えよ。お前は神の子、メシアなのか。』イエスは言われた。『それはあなたが言ったことです。しかし、わたしは言っておく。あなたたちはやがて、人の子が全能の神の右に座り、天の雲に乗って来るのを見る。』そこで、大祭司は服を引き裂きながら言った。『神を冒瀆した。これでもまだ証人が必要だろうか。諸君は今、冒瀆の言葉を聞いた。どう思うか。』人々は、『死刑にすべきだ』と答えた。そしてイエスの顔に唾を吐きかけ、目隠ししてこぶしで殴り、ある者は平手で打ちながら、『メシア、お前を殴ったのはだれか言い当ててみろ』と言った。」（「マタイ伝」第二六章63～68節）

「マルコ伝」では「それはあなたが言ったことです」ではなく、「そうです」と素直に認めています。イエスはメシアの自覚は持っていますが、「メシア」に関する捉え方は人それぞれです。元々は神から油注がれた者という意味で、「ユダヤの王」として人々を救う救世主の意味です。メシアは「人の子」であり「神の子」ではないことを強調する人もいますし、「神の実子」ではなく「神の養子」であることを強調する人もいます。イエスは政治的な意味での王とは明言していませんから、相手のいう意味でのメシアとは認めないはずなので、「マタイ伝」では書き変えたのだと思われます。

でも「あなたたちはやがて、人の子が全能の神の右に座り、天の雲に乗って来るのを見る」と言っています。これはイエスを処刑すれば、神がイエスを義と認めて復活させ、審判のために再臨させるということですので、やはりイエスをメシアだと認めていることになります。これが神を冒瀆しているかどうかは、イエスが本物のメシアか偽メシアかにかかっているのです。神殿権力としては、メシアが登場することはないという立場に立っていました。なぜならトーラーが既に十分与えられており、それを忠実に実行すれば救われるのですから、今更メシアは必要ないのです。

メシア待望は民衆の間では非常に強かったので、次々メシアを自称する連中が現れますが、弾圧され、捕らえられてしまいます。でも神は救出しませんし、殺されても復活してくれば本物ですが、復活しなかったのです。バプテスマのヨハネはガリラヤの領主ヘロデに殺されますが、復活してはいません。だからヨハネもメシアではなかったことになります。

イエスはひょっとしてメシアじゃないかとの期待が、エルサレムの群衆にはあったのです。それで連日神殿に話を聞き、奇跡を見に来ていたのです。既に説明しましたように、その期待は裏切られたと感じたのでしょう。月曜日と火曜日は境内を埋め尽くすようにいた群衆も、三日目以降はその十分の一以下になってしまったと思われます。そういう群衆の動向も神殿権力の方は観ていますし、イエスのトーラー秩序を軽んじる言動の調査やダビデ王の子孫だという身元・家系の調査もしています。その結果、「トーラーを取るか、メシアを取るか」を迫り、トーラーによって守られてきたユダヤ社会を崩壊させようとする悪霊にとりつかれた男であるという疑いが濃厚だと見なされていたと推察できます。数々の安息日のトーラー違反、手を洗わないで食べる衛生のしきたり違反、「命のパン」の説教におけるカニバリズムタブーへの挑戦、不吉な神殿崩壊預言、そしてファリサイ派に対する独善的な悪罵、イエス教団の教化を受け入れない町に対するホロコーストの脅迫等は、後のキリスト教の基準からはまったく罪がないにしても、当時のユダヤ教の基準からは何度死刑にしてもしたりない位の極悪に当たったかもしれません。

それでも彼の悪霊退散や奇跡治療のパフォーマンスが成功し、民衆の魂に届く説教が評判を得てイエス教団の拡大が進んでいれば、民衆に守られてなかなか逮捕できなかったでしょう。イエスはその面でもマンネリズムに陥り、あまり信用されなくなって、起死回生を狙ってエルサレムに乗り込んだのです。ところが、ガリラヤでの悪評などをファリサイ派に指摘されて、爆発的なブームを起こすまでにはいかなかったと思われます。

ピラトとヘロデに尋問される。

最高法院で死刑が決定されても、ローマ帝国支配下では、死刑の執行権はユダヤ側にはないのです。そこでイエスは総督ピラトに引き渡されます。総督ピラトが裁く場合は、ローマ法が適用されますから、神を冒瀆した罪で裁くわけにはいきません。そこで「ルカ伝」によりますと、民衆を惑わし、皇帝に税を納めることを禁じたこと、また、自分が王たるメシアだと言っていることを理由にあげて裁きを求めたのです。

そこでピラトは「お前がユダヤ人の王なのか」とイエスに尋問しました。イエスは「それはあなたが言っていることです」と返答しました。「ヨハネ伝」では次のようなやりとりがなされています。

「『わたしの国は、この世には属していない。もし、わたしの国がこの世に属していれば、わたしがユダヤ人に引き渡されないように、部下が戦ったことだろう。しかし実際、わたしの国はこの世には属していない。』そこでピラトが、『それでは、やはり王なのか』と言うと、イエスはお答えになった。『わたしが王だとは、あなたが言ってることです。わたしは真理について証しするために生まれ、そのためにこの世に来た。真理に属する人は皆、わたしの声を聞

く。』ピラトは言った。『真理とは何か。』」(「ヨハネ伝」第一八章36～38節)

自分を王たるメシアと言い、しかも皇帝に税を納めるなと言っているとすれば、ユダヤのローマ帝国からの独立を企てる反逆者ですから、総督とすれば死刑にしなければなりません。しかし総督も最高法院のいうことを真に受けるわけにいきません。最高法院も本心ではローマ帝国からユダヤの解放を願っているのです。敵の敵は味方ということもありますから、うっかり口車に乗せられて、イエスを処刑してから、後で敵に塩を送ったことになったら困ります。

イエスは総督に対して自らが非政治的な存在であることをアピールしています。ユダヤ人(ガリラヤやサマリアではないローマの直轄領になっているユダヤ地方の人)の政略にひっかからないように「わたしの国はこの世に属していない」と言ったのです。イエスは自分は真理について証するために来たといいます。「真理」とは何でしょう。おそらく「メシアによる救い」を信じ、「二つの愛」に生きることで、「神の国」が到来するという真理でしょう。その真理に生きる人にとっては、イエスは王なのです。

「ルカ伝」ではピラトはイエスがガリラヤ人であることを知り、エルサレムにガリラヤ領主ヘロデが滞在しているので、イエスをヘロデのもとに送ったのです。その狙いははっきりしませんが、ヘロデがイエスを救ってくれればよいと考えていたのかもしれません。ヘロデはイエスの噂はガリラヤで聞いていましたから、一度会ってみたいと思っていました。ひょっとしたらバプテスマのヨハネの霊が乗り移っているかもしれないと思っていましたし、イエスの超能力が観られる絶好のチャンスだと期待していたらしいのです。ところがイエスはヘロデが嫌いです。だってバプテスマのヨハネをサロメの要求で殺した男ですから、口もききたくありません。それでヘロデの前では完全黙秘を貫いたのです。

もしイエスに聖霊が宿っていて、ヨハネの仇をとりたいと思っていたとしますと、ヘロデを超能力で殺すか懲らしめたでしょう。ところが聖霊が弱っていたのか、宿っていなかったのか、黙っているだけでした。それに祭司長や律法学者たちもそこにいて、イエスの罪状を激しく訴えたのです。それでヘロデも一緒になってイエスを嘲り、侮辱し、派手な衣を着せてピラトに送り返したのです。ヘロデは何もイエスの罪状を確認できませんでした。

それでピラトは、この男はローマ帝国に対しては、死刑に当たるようなことは何もしていないので、死刑にしたくありませんでした。それで過越祭には民衆の希望する囚人を釈放することになっていましたので、ピラトは民衆に「バラバと呼ばれるイエス」の釈放を求めるかどうか尋ねました。すると民衆は暴動のとき殺人を犯した「バラバと呼ばれるイエス」の釈放を求めたのです。裁判中にピラトの妻からピラトに正しい人イエスには関係しないでほしい、夢でずいぶん苦しめられたと伝言があったのです。総督ピラトの妻にまでイエス教団の影響が浸透していたことが窺えますね。そして民衆は、それに対して「メシアと呼ばれるイエス」を十字架につけることをはげしく要求したのです。これを拒否しますと騒動が起こりそうだったので、「この人の血について、わたしには責任がない。お前たちの問題だ。」と言って、民衆に「その血の責任は、われわれと子孫にある。」と認めさせたのです。

イエスの死に対する責任

このような福音書の記述の特色は、イエスを十字架につけた責任は、ユダヤ人にあり、ローマ帝国にはないというところにあります。ですから、その後の二千年近くキリスト教会はユダヤ人をイエスを殺したという理由で差別し、迫害し続けていました。それは第二次世界大戦の時にナチス政権がユダヤ人を根絶しようとしたホロコーストに対して、ローマ教会が非難しなかったところにまで及んでいます。

そこで福音書がローマ帝国の免責を図ったのは、ローマ帝国全体にキリスト教を布教するためには、その方が抵抗感が少なくて済むことを配慮したからだという解釈もあります。つまり、あまりに独善的で激しいファリサイ派批判や総督免責記事は、後世の改ざんや付け加えではないかという解釈をする人がいるのです。たしかに初期キリスト教団を取り巻く状況が、福音書をまとめる際に影を落とさざるを得ないと言えるでしょう。しかしローマ帝国内で布教をするためにはイエスの処刑についてローマ帝国の責任を無かったことにする方が良かったという事情から、だからピラト総督もイエスの処刑に積極的であったという結論を出すことはできません。

イエス教団の存在はローマ帝国にとっては脅威ではありませんでしたし、ファリサイ派がトーラー中心主義でユダヤ民族主義に凝り固まっていましたから、その影響力が強くなりすぎますと、ローマ帝国の文化圏にユダヤを包み込むのが難しくなります。その意味でファリサイ派批判のイエス教団には好意的だったと思われます。それが総督ピラトの妻の助命嘆願の手紙や、ピラト総督のイエス擁護から分かります。福音書作成期だけの事情でなく、イエス処刑当時の事情とも照らし合わせても、イエスの処刑にピラト総督は積極的ではなかったというのは納得できるのです。(1)

では全責任はユダヤ教徒たちにあるのでしょうか。ユダヤ教徒たちは雪のように真っ白で全く罪のないイエスを、いわれなき罪を着せて十字架にかけたのでしょうか。実施当時の良識から考えて当然の処罰でも、後世の社会においては何ら責められるべきない場合もあり得ます。イエスは後世のキリスト教社会から観ますと、全く純白で罪がないのですが、当時のユダヤ社会から見ますと、トーラー秩序の根幹を脅かそうとする反社会的存在であるように思われたのです。ですからユダヤ人のイエス処刑は、現在では許しがたい行為だったとしても、当時においては不当とは言い切れない処置であったかもしれないのです。

特に弟子たちを派遣して村や町で説教を行い、しるしを示しても、教化されない村や町に対して、ソドムより重い罪が下ると脅迫して回っているのですから、これは問題です。イエス教団は悪霊追放や奇跡治療で力を示しています。「ラザロの復活」は眉唾だとしても、死人を復活させる凄い業だって持っているという評判があったのですから、そういう脅かしは人々の不安をかき立てていたと考えられます。彼らの不思議な力は、ファリサイ派の悪宣伝の効果もありますが、聖霊の力でないのなら悪霊の力によるのかもしれないと怯《おび》えたのです。ですからユダヤ社会の自己防衛としてイエスの処刑が位置づけられていたのです。

イエスの処刑を行ったのが、ユダヤ社会の自己防衛だったとしたら、イエスはそれが分かっていて、あえてトーラー社会をひっくりかえそうとしていたのですから、イエス自身は殺されるのを覚悟で挑戦していたことになります。だから、死に対してユダヤ教徒たちに責任を全部着せるわけにはいかないのです。

メシア・イエスの処刑祭典

ピラト総督はイエスを死刑にするのは積極的ではなかったのですが、イエスを鞭打たせてから十字架につけさせています。これは大変残忍な行為です。皮紐の先端に鉛塊《えんかい》を鎖状につなぎ合わせてつけたものを使ったようです。皮膚が破れ、肉が飛び出し、骨が露出する程です。内臓が見えるまで打つ場合もあるようです。それだけで死んでもおかしくないほどの痛みを伴います。それでイエスはゴルゴダの丘に十字架を背負って登るだけの体力は既になく、シオンという名のキレネ人が無理に背負わされています。イエスの元々の職業は大工ですから、木材を運ぶのは少々重くても要領を心得ていたはずです。よほど体力が消耗しきっていたのでしょう。

どうせ処刑されるのですから、せめて鞭打ちだけは容赦すべきでした。それがせめてもの情けでしょう。ピラト総督は、面倒をかけさせられた原因であるイエスに腹を立てていたのかもしれません。だったらとても自己中心主義者で冷血漢ですね。あるいは鞭打ちをして死にかかっているイエスは既に十分罰せられているのに、さらに十字架に釘付けにするという残虐を重ねさせることで、ユダヤ人たちの自己嫌悪を期待したという解釈も成り立ちます。J・ブリンツラーは、『イエスの裁判』（新教出版社）で、「ヨハネ伝」では十字架刑の決定する前に鞭打ちをしていますから、ユダヤ人がこれ以上の刑罰を遠慮することを期待したからではないかと解釈しています。しかしユダヤ人はイエスを懲らしめることを期待していたのではないのです。イエスが生きていること自体が脅威なのですから、鞭打ちで満足などということは考えられません。

ところでイエスのエルサレム入城は、わざわざ十字架上で死ぬためにやって来たという印象を受けます。ですから精神病理でいえばマゾヒズムに当たります。当然イエスを殺す側のサディズムを刺激します。その意味でイエスの処刑という苦痛と快楽の饗宴は、参加者を興奮を刺激し、ローマ帝国側もこの饗宴に参加したいという欲望を抑えきれなくなったのです。それが鞭打ちの心理的意味です。その意味では鞭打ち行為自体は大変罪深い行為であり、糾弾されるべきでしょう。

メシアの処刑は、一種の祭典です。聖なるものを汚すこと、聖なるものを破壊することは、聖性の根源を自らの中に取り戻すことであり、ナルシシズムを満足させる快楽なのです。聖なるものとされていたものがその期待を裏切ったとき、その崇拝者たちによって破壊攻撃に曝《さら》されるのです。これこそまさしくフェティシズムの論理であり、イエスは民衆にとって一時のフェティシュ（物神）であったことになります。

またメシアの処刑は、宗教的エナジーが衰退したメシアが死に直面して、奇跡的に聖的パワーを発揮することを期待されるチャンスでもあります。そのために人々はさまざまなメシアに対する挑発、侮辱、暴行を行い、聖性を取り戻すように働きかけたのです。

「兵士たちは、官邸、すなわち総督官邸の中にイエスを引いて行き、部隊の全員を呼び集めた。

そして、イエスに紫の服を着せ、茨で冠を編んでかぶらせ、『ユダヤ人の王、万歳』と言って敬礼し始めた。また何度も葦の棒で頭をたたき、唾を吐きかけ、ひざまずいて拝んだりした。このようにイエスを侮辱したあげく、紫の服を脱がせて元の服を着せた。そして十字架につけるために外へ引き出した。」（「マルコ伝」第一五章16～20節）

この即位劇からイエスを道化王として解釈するのは無理があります。道化王というのは王のカリスマが衰えますと、一時的に退位させ、代わりに道化王が即位してハチャメチャな命令を出し、混乱させた上で、二三日から一週間で道化王を逮捕して処刑し、元の王を復位させるのです。こうして沈滞と惰性に陥った政治を道化王による混乱を経て、リフレッシュさせます。道化王は殺されますが、天国が保障されます。ガリラヤでしたら道化王も考えられますが、当時のユダヤはローマ帝国直轄領ですから王政ではなかったのです。罪状書に「これはユダヤ人の王イエスである」と書かれました。祭司長は「自称した」を加えるようにピラトに要求しますが、ピラトは聞き入れません。ユダヤ人にとってはこの違いこそが重要なのですが、ピラトはそれをからかっているのです。

ピラトにすれば、ユダヤの王などいないのにというつもりでしょう。でもイスラエルの本来の支配者としての王は神ヤハウェ自身なのです。イエスを王座につけて処刑するのは、ヤハウェの身代わりにイエスを犠牲にしたことになります(2)。

十字架刑は手足を棒に釘で打ちつける残忍な刑でした。もちろんそれでは短時間では死にません。長時間かけて出血がひどくなり意識が薄れて死んでいくわけです。イエスは午前九時頃に十字架につけられ、絶命したのが午後三時でしたから六時間ほども激痛に耐えていたのです。普通なら六時間では死にません。鞭打ち刑の後で体力がなかったのが死を早めた原因なのです。イエスの左右に強盗が一緒に十字架刑になりますが、それは聖者を強盗と一緒に罰することで、凌《りょう》辱《じょく》しているのです。見物人はイエスが「神の子」なら何か奇跡が起こるかもしれないということを万分の一の可能性として期待しています。

「そこを通りかかった人々は、頭を振りながらイエスをののしって、言った。『神殿を打ち倒し、三日で建てる者、神の子なら、自分を救ってみろ。そして十字架から降りてこい。』同じように、祭司長たちも律法学者たちや長老たちと一緒に、イエスを侮辱して言った。『他人を救ったのに、自分を救えない。イスラエルの王だ。今すぐ十字架から降りるがいい。そうすれば、信じてやろう。神に頼っているが、神の御心ならば、今すぐ救ってもらえ。「わたしは神の子だ」と言っていたのだから。』一緒に十字架につけられた強盗たちも、同じようにイエスをののしった。」(「マタイ伝」第二七章39〜44節)

エリ、エリ、レマ、サバクタニ

イエスは痛み止めの没薬《もつやく》入りのワインを少しなめただけで断りました。自ら進んで苦しみを受けなければと考えていたのです。さて昼の十二時頃に全地が暗くなり、それが三時まで続いていました。イエスは急に「エリ、エリ、レマ、サバクタニ」と叫んだのです。これは「わが神、わが神、なぜわたしをお見捨てになったのですか」という意味です。この言葉を聞いて、エリヤというただ一人天に昇った預言者を呼んでいるのではないかという者もいたんですが、結局、イエスは再び大声で叫んで息を引き取られたのです。そうしたら神殿の垂れ幕が真っ二つに裂けたんです。「マタイ伝」ではさらに「地震が起こり、岩が裂け、墓が開いて、眠りについていた多くの聖なる者たちの体が生き返った」としていますが、これはいくらなんでも書き過ぎです。

この絶命の時の言葉があまりに絶望的な言葉なので、イエスは復活を信じていたのだろうかと疑問になる人もいます。この言葉は実は『旧約聖書』の「詩篇」第二二章（ダビデ王の詩）の冒頭句なのです。冒頭句だけ読んで、全編の朗読に代えるというお題目みたいなお祈りの仕方もあるのです。そちらの解釈をしますと、イエスは、魂が体を得て復活する信仰を表明していることが分かります。ただ絶命の直前ですから、「わが神、わが神、なぜわたしをお見捨てになったのですか」という言葉は、イエスのギリギリの気持ちを正直に吐露しているという解釈もできます。おそらくその両方でしょう。

イエスのエルサレム入城は、起死回生を狙ったものですから、聖都の民衆に神の家である神殿で話をすれば、メシアとしての認知を民衆にしてもらえるかもしれないという、一縷《いちる》の望みを抱いていたのですが、それが惨めな失敗に終わったのです。それで神に見捨てられたという気持ちになったのも無理はありません。しかしイエスは死を恐れ悲しんでいましたが、それ以上に聖霊の復活への望みが強かったのです。ですから、絶命の時に神に復活の望みを託した「詩篇」第二二章の冒頭句を叫んだのです。

ただし「詩篇」第二二章における復活は、魂の輪廻転生のことのように受け取れます。同じ人格が生き返る事のようには書いていません。『旧約聖書』には「復活」や「甦り」という言葉は出てこないのです。イエスの聖霊のつきもの信仰と結び付けて捉えますと、イエスの聖霊が聖餐によって、弟子たちの体の中に復活するという信仰を抱いていたとも解釈できます。最初の一連と最後の二連のみ引用しておきましょう。


「わたしの神よ、わたしの神よ、なぜわたしをお見捨てになるのか。

なぜわたしを遠く離れ、救おうとせず、呻《うめ》きも言葉も聞いてくださらないのか。

わたしの神よ、昼は、呼び求めても答えてくださらない。夜も、黙ることをお許しにならない。


——中略——


地の果てまで、すべての人が主を認め、御もとに立ち帰り、国々の民が御前にひれ伏しますように。

王権は主にあり、主は国々を治められます。

命に溢れてこの地に住む者はことごとく主にひれ伏し、塵に下った者もすべて御前に身を屈めます。

わたしの魂は必ず命を得、子孫は神に仕え、主のことを来るべき代に語り伝え、成し遂げてくださった恵みの御業を、民の末に告げ知らせるでしょう。」（「詩篇」第二二章より）

第十一章　イエスの聖餐

イエスの埋葬

イエスの遺体を引き取って埋葬したのは、最高法院の議員でアリマタヤ出身の金持ちであるヨセフという人でした。彼もイエスの弟子でしたが、「ヨハネ伝」によりますと、どうもそのことは隠していたらしいのです。彼は勇気を出して総督ピラトに遺体の引渡を願い出て、許可されています。意外に早く死んでいるので、ピラトは百人隊長にイエスの死を確認させてから、ヨセフに下げ渡しています。

「ヨハネ伝」では、処刑のあった金曜日は夕方からは土曜日に変ります。安息日の上、過越祭の日になるのです。遺体をとり降ろすのは、その前でないと駄目なのです。そこで強盗はまだ生きていたので、足を折ってとり降ろしましたが、イエスの場合は既に死んでいましたので、足は折らなかったといいます。でも兵士の一人が槍で脇腹を刺したら血と水が流れ出たと言います。もし午後三時に本当に絶命していたら、午後五時頃では既に血は流れなかったはずです。それでイエスが本当に死んでいたのか、あるいは脇腹を槍で刺したのは本当か等の疑問が出て、イエスは十字架刑では死ななかったのではないかという人がいます。薬を飲ませて、仮死状態にしておけば救出できたということです。それで復活が説明できるわけですね。

それではイエスの弟子たちはイエスが死から復活したのではないと知っていたことになります。その上で、死から復活したと言いふらして教団拡大に使ったということです。もちろんその可能性は皆無ではありません。しかしそれではイエスの復活を体験したことによって、殉教を恐れず布教するようになったことが説明できません。これまでのイエス教団の活動にも様々なトリックやお芝居がありました。でもあくまでイエスに宿っている聖霊への信仰を、イエスも弟子たちも持った上で行っていたのです。

イエス復活後は信仰の最も根幹に、神から義と認められて復活したイエスに対する信仰が確固としてあったので、命懸けの布教ができたわけです。その意味では、イエスは死ななかったという立場で、説明するのはキリスト教団の宗教的真実、宗教的核心を見失うことになります。やはりイエスは本当に死に、そして弟子たちの前に復活して現れたはずなのです。死者の復活がありえないのなら、少なくとも弟子たちが幻想であるにせよ、復活したイエスを見たと確信したのでなければならないのです。

「ピラトが許したので、ヨセフは行って遺体を取り降ろした。そこへ、かつてある夜、イエスのもとに来たことがあるニコデモも、没薬と沈香を混ぜた物を百リトラばかり持って来た。彼らはイエスの遺体を受け取り、ユダヤ人の埋葬の習慣に従い、香料を添えて亜麻布《あまぬの》で包んだ。

イエスが十字架につけられた所には園があり、そこには、だれもまだ葬られたことのない新しい墓があった。その日はユダヤ人の準備の日であり、この墓が近かったので、そこにイエスを納めた。」(「ヨハネ伝」第一九章38〜42節)

この墓の所有者はヨセフだと「マタイ伝」には記されています。おそらくイエスはヨセフと以前からコンタクトを取っていて、この墓を確保しておいてもらったのだと思われます。そしてこの墓には外からよそ者には開けられないような仕掛けをしておいたと思われます。万が一、ローマ兵や神殿兵等に調べに来られたら困るからです。

ここでどの福音書にも遺体を亜麻布で包んだことが明記されています。顔も包んだのです。この布を聖骸布《せいがいふ》と言いますが、それがトリノのサン・ジョバンニ聖堂に残っていて、そこにイエスの顔が写っているんです。最近鑑定しますと後世の偽造品であることが分かりました[1]。全身布で包んで墓に入れたのですから、途中ですり替えられていますと、墓に入れられたのが本物のイエスの遺体かどうか分かりません。遺体を運ぶための荷車のようなものを用意しておきますと、たとえ周囲の監視の目があっても、運ぶ途中で、荷車に仕掛けさえあれば、すり替えはそれほど高等なトリックではなかったでしょう。

イエス教団は悪霊退散劇を演出するためにいろんな仕掛けを考案していたのです。特に悪霊が追い出される場面を演出するところが一番難しいので、人物のすり替えや突然現れたり、消えたりするように見えるトリック技術では、最先端を行っていたのです。それでは十字架刑も薬物を使って仮死状態にして切り抜け、後で復活させることを考えたのではないかと思われるかもしれませんが、弟子たちが処刑場に近づけない状況でしたし、一人ではとても無理だったのでしょう。それよりもイエスは、追い詰められた状況で、自己保身を図るよりも、いかに自己を犠牲にして命を捧げることで打開を図れるかを考えるタイプだったのです。つまり自分は「神に捧げられた子」であるという「神の子」コンプレックスを抱いていたのです。

屠られた仔羊

イエスが絶命した金曜日午後三時頃は、その夜の過越祭のためにユダヤ人の家庭では、犠牲の仔羊を屠《ほふ》っている頃です。「ヨハネ黙示録」でイエスは「屠られた仔羊」と呼ばれています。「ほふる」というのは、「殺す」という意味でも使われますが、「神に捧げるために殺す」場合に使われるのです。そして仔羊や牛のほふり方は決まっていまして、まず喉の辺りに刀を入れ、瞬時に殺して、一気に血抜きをするのです。それから仰向けのまま首から腹に刀を入れ、肉を捌《さば》くのです。

十字架刑のイエスは、手と足を釘付けにされて、出血多量で死んだわけですから、その意味では刀で切り裂かれ、肉をさばかれていません。だから、「屠られた」というイメージではないわけです。ですから「屠られた仔羊」というより「磔《はりつけ》されたメシア」のイメージで語られるべきです。それがわざわざ「屠られた仔羊」のイメージにしているということは、イエスも「屠られた仔羊」のように金曜日過越祭の準備日に肉を捌かれ、それから四・五時間後に過越の食事で食べられたということを暗示しているのではないでしょうか。

そのように考えますと最後の晩餐がリハーサルであったことがよく分かるのです。そうでないと、イエスは死ぬ前に、まだ食べられる前に食べられたということになってしまいます。しかも「命のパン」の説教で「わたしの肉はまことの食べ物、わたしの血はまことの飲み物」と言っていたのに、前の晩のパンがイエスのまことの肉であり、赤ワインがイエスのまことの血であって、イエスの遺体の肉はイエスのまことの肉ではなく、血はまことの血ではないことになります。

それに二千年間、「パンと赤ワインの聖餐」がキリスト教会の中心儀式になってきた理由もこれではっきりします。もしイエスの肉を食べ、血を飲むという原行為をイエスの弟子たちがしていないのなら、パンがイエスの肉であり、赤ワインがイエスの血であるという素朴なフェティシズム（物神信仰）は、イエスに対する冒瀆として問題にされ、廃れていったでしょう。イエスの肉を食べ、血を飲むという原行為が、最も忌《い》むべきカニバリズム・タブーにまともに抵触する行為であったので、それが聖なる行為であったことを無意識に主張しなければならなかったのです。

それは原行為を繰り返すことによっておこなわれるのですが、イエスは歴史的身体としては、一度きりの存在ですから、代わりに最後の晩餐でイエスの肉とされたパンを食べ、イエスの血とされた赤ワインを飲んで、これで本物のイエスの肉を食べ、血を飲んでいることになることにしたのです。こうしてイエスの肉を食べた、血を飲んだ行為は、イエスとの合一であり、イエスに宿っていた聖霊を引き継ぐ神聖な行為であったことを無意識の内に主張しているのです。

しかしこの原行為は伏せられ、忘れられていますから、それが無意識に作用することはありえないのではないかという批判も考えられます。無意識に作用するためには、原行為の記憶が継承される必要があります。しかしカニバリズム・タブーが強烈な西洋社会では原行為はあくまで極秘にせざるをえなかったのです。

この原行為の忘却を防ぐために「ヨハネ伝」に「命のパン」の教説が書かれ、そのせいで大部分の弟子が離反したことが説明されています。また「ヨハネ黙示録」には、「屠られた仔羊」という表現が盛り込まれています。そして「パンと赤ワイン」の聖餐を二千年間繰り返すこと自体が、原行為があったのではないかという疑惑を継承することになります。

でも実際問題としてカニバリズム・タブーの強烈だったユダヤ教文化の中で、イエスの遺体の肉を捌き、それを焼いて食べ、血を抜いて溜め、それにワインを混ぜて飲むという行為が現実に可能だったでしょうか。常識的に考えれば、そんなことはできっこないのです。とても喉を通りません。いったん胃に入っても、戻してしまうでしょう。それは人間が人間の限界を越えてしまうような行為であり、鬼や悪魔になるようなことだと考えられていました。それに血を飲めば、イスラエルの民から外され、審判の時にも復活の望みがなくなります。

でもイエスは「命のパン」の説教で、永遠の生命を保障しているわけです。ですからイエスを神の子と信じるしかないのです。イエスを神の子と信じて、もしイエスが偽メシアなら身の破滅と承知で全てを捧げて信仰に生きるしかなかったのです。とはいえいかに篤《あつ》くイエスに帰依していても、人肉や血は生理的に体が拒否します。これは肉体が共食いを防ぐようにできているというのではないのです。あくまでも社会的に形成されたタブーでしかありません。それでも無意識的にタブーに触れる行為を回避させるように自我防衛機制が働くのです。

神聖な儀式としての聖餐

キリスト教会の魅力は優れた儀式性にあります。聖句を唱和し、賛美歌を歌って、厳粛な雰囲気の中で聖餐の儀式が行われます。こうしてキリストの肉と血が信徒の肉と血と融合し、信徒は永遠の命であるキリストの体に繋がれるのだとされます。もちろんパンを神父が祝福したからといって、キリストの肉になると本気で信じている人はほとんどいないでしょう。それでも厳かな儀式の一環として行われますと、キリストとの融合が理屈抜きに実感できるように演出されているのです。

イエスの肉を食べ、血を飲むという行為は、カニバリズム・タブーの強烈なユダヤ社会では、絶対にできっこないのですが、絶対にできっこないことをしないことには、イエス教団の絶体絶命の危機を克服することはできません。しかし危機意識で追い詰めてばかりいては、かえって恐ろしくなって、とても人肉を食べたり、血を飲んだりはできないのです。でもイエス教団には劇的に奇跡を構成するという演出能力があります。ペトロが中心になって聖餐式を見事に演出したのです。ペトロはこの成功によって、初期キリスト教団の初代教皇になっています。

場所をどこに確保したのかは分かりません。最後の晩餐はエルサレムの街中で、わりに豪華な二階の広間を借りて行われたのですが、そんな目立つ場所は借りられません。オリーブ山の宿舎も調べに来られますから無理でしょう。市中に目立たない部屋を前もって議員ヨセフに確保してもらっていたとも考えられますし、それも危険でできなかったとしますと、ベタニアのラザロのいたシモンの家が考えられます。エルサレムからベタニアまでは二ないし三キロメートルですから運ぶことはできたでしょう。

部屋は純白の布を壁やテーブルに敷きつめたと思います。なぜ純白かと言いますと、まずイエスの無罪性を表現しています。それに血が飛び散りますと、白だと汚れが目立ちますね。ですから肉片や血が飛び散らないように細心の注意が必要になります。それで心を落ち着かせ、段取りよく、冷静に式を厳粛に進行させることになります。いきなり裸のイエスの遺体を出して、それに刀を入れて、内臓剥き出しみたいになればとても口に運べません。

ギリシアの聖体拝領では、ばらばらに引き裂いて生のまま食べるのですが、イエスの聖餐は過越の食事の犠牲の仔羊を食べる形で行っていましたので、血抜きをよくしてから、布に巻いたまま少しずつ肉を切り取って焼いて食べたと思われます。

ただ肉を食べ、血を飲めばいいというものではありませんから、式次第を作り、参加者に徹底しておきます。唱和すべき聖句や賛美歌なども予め決めておきます。そして厳かな式にするために、私語を厳禁し、声をあげて泣いたり、笑ったりを禁止します。イエスの肉を食べる時は緊張のあまり顔が強張《こわば》ってしまいそうですね。神と合一する喜ばしい行為のはずですから、穏やかで優しい表情で食べるように指示しておきます。参加者は十一使徒とマグダラのマリア、イエスの弟ヤコブ、親類クレオパ、議員ヨセフなどに限られていますから、イエス教団で修行を積んでいて、そういう演技指導的なアドバイスにはみんなわりに素直に反応したでしょう。イエスに対する熱い思いがあって、みんなイエスの十字架刑や教団の行く末、自分たちの将来のことを思えば、胸が張り裂けそうで、とても冷静には対処できないところですが、そこをこの聖餐を成功させ、聖霊を引き継がせたいというイエスの願いに精一杯応えようと、穏やかな明るい表情で、立派にパフォーマンスをしたのです。それは天使たちの讃えの歌を聞きながら行っているかのようだったと想像されます。

例えばイエスの肉を切り取る時には、「ヨハネ伝」から次の言葉が唱和されました。

「わたしは命のパンである。あなたたちの先祖は荒れ野でマンナを食べたが、死んでしまった。しかし、これは、天から降って来たパンであり、これを食べる者は死なない。わたしは、天から降って来た生きたパンである。このパンを食べるならば、その人は永遠に生きる。わたしが与えるパンとは、世を生かすためのわたしの肉のことである。」

そして更に一切れのパンを食べるときは「取って食べなさい。これはわたしの体である」という最後の晩餐の言葉を、司祭役のペトロが述べます。そしてみんなで次の言葉を唱和します。その言葉を聞きながら参加者は感謝の気持ちで「有り難うございます。命をいただきます」と応えて、顔を強張らせずに頂くのです。

「人の子の肉を食べ、その血を飲まなければ、あなたたちの内に命はない。わたしの肉を食べ、わたしの血を飲む者は、永遠の命を得、わたしはその人を終わりの日に復活させる。わたしの肉はまことの食べ物、わたしの血はまことの飲み物だからである。わたしの肉を食べ、わたしの血を飲む者は、いつもわたしの内におり、わたしもまたいつもその人の内にいる。生きておられる父がわたしをお遣わしになり、またわたしが父によって生きるように、わたしを食べる者もわたしによって生きる。これは天から降って来たパンである。先祖が食べたのに死んでしまったようなものとは違う。このパンを食べる者は永遠に生きる。」

そして更に血を飲むときは「皆、この杯から飲みなさい。これは罪が赦されるように、多くの人のために流されるわたしの血、契約の血である」という最後の晩餐の言葉を、司祭役のペトロが述べます。

次に式次第の内容を推察してみましょう。

式次第

一、主の祈り(2)
二、「ダビデの子にホサナ」の歌を斉唱
三、「イザヤ書」第五三章の朗読(3)
四、「命のパン」の説教、「最後の晩餐」のイエスの言葉を唱和しながら、イエスの肉を食べ、血を飲む聖餐をペトロの司会で進行、一人ずつ順番に食べ、飲む
五、主イエスの聖餐が無事行われたことを感謝する祈り。

第十二章　イエスの復活

暴かれた墓

三日目の復活をイエスは予告していました。これは三日目であって、三日後ではありません。金曜日午後三時に絶命しました。それから三日目というのは金曜日も含めて、金曜日・土曜日・日曜日ですから日曜日の朝に復活したのです。墓が暴かれているのが日曜日の朝に分かります。このことが起こらないかと、神殿権力側は警戒していたのです。イエスの弟子たちがイエスの墓から死体を盗み出して復活したと言いふらすのではないかと恐れたのです。それでピラトに墓の見張りをお願いしたわけです。ピラトはそんなことは神殿の番兵にさせろと言いました。それで神殿の番兵が土曜日の朝から見張りについたのです。

彼らはとんまなことに番兵に行って、入れないように墓の石に封印しただけで、イエスの遺体があるかどうか墓に入っては確かめていないのです。わたしの勝手な推理ですが、番兵たちはそれほどとんまじゃなくて、一応墓に入って確かめようとしたと思いますが、墓は他人に暴かれないように上手に封印が既にされていたのでしょう。それで仕方なく、番兵たちは外で監視することにしたわけです。

「さて安息日が終わって、週の始めの日の明け方に、マグダラのマリアともうひとりのマリアが墓を見に行った。すると、大きな地震が起こった。主の天使が天から降って近寄り、石をわきへ転がし、その上に座ったのである。その姿は稲妻のように輝き、衣は雪のように白かった。番兵たちは、恐ろしさのあまり震え上がり、死人のようになった。

天使は婦人たちに言った。『恐れることはない。十字架につけられたイエスを捜しているのだろうが、あの方はここにはおられない。かねて言われていたとおり、復活なさったのだ。さあ遺体の置いてあった場所を見なさい。それから急いで行って弟子たちにこう告げなさい。「あの方は死者の中から復活された。そして、あなたがたより先にガリラヤに行かれる。そこでお目にかかれる。」確かにあなた方に伝えました。』

婦人たちは、恐れながらも大いに喜び、急いで墓を立ち去り、弟子たちに知らせるために走って行った。すると、イエスが行く手に立っていて、『おはよう』と言われたので、婦人たちは近寄り、イエスの足を抱き、その前にひれ伏した。イエスは言われた。『恐れることはない。行って、わたしの兄弟たちにガリラヤへ行くように言いなさい。そこでわたしは会うことになる。』」（「マタイ伝」第二八章1〜10節）

「マタイ伝」にはかなり書き変えがあるようです。より古い文献である「マルコ伝」では婦人たちが墓に着くともう石はわきに転がしてあったのです。墓の中に入ると白い長い衣を着た若者が右手に座っていたのです。天使とは書いていません。そしてガリラヤでの再会の伝言が伝えられますが、婦人たちは恐ろしさのあまり、逃げ去って震え上がり、正気を失って、だれにも何も言わなかったのです。それに帰途にはイエスに会っていませんでした。それにしても婦人たちが報告しなかったというのは不自然過ぎます。「ルカ伝」では報告していますが、使徒たちは戯言だと思って信じません。でもペトロは墓に見にいって、亜麻布しかなかったので、びっくり仰天しました。

天使がどうしたというのは論外として、墓を暴いたのはイエス側の人々だったことは確かです。番兵がいるので白い長い衣を着た若者を使って、いかにも天使がやってきたようにし、それで番兵たちが驚き怪しんでいる隙に、弟子たちが墓を暴こうとしたと推理できます。え？　どうしてイエスの遺体がないと分かっている墓を、わざわざイエスの弟子たちが暴かなきゃならないのかと疑問ですか。それはもっともな疑問ですね。

そのわけはイエスの墓を暴くことで、聖餐の事実を隠そうとしたからと思われます。わざわざ日曜日に墓を暴けば、それまでは墓にイエスの遺体があったことになりますから、土曜日の過越祭の聖餐はなかったことになります。彼らが最も恐れたのは、聖餐の事実が露見することです。ユダヤ教徒から見れば、イエス教団は人肉を食べ、人血を吸う悪魔的な存在だということになります。そういうことになりますと、イエス教団は皆殺しにすべきだということにもなりかねません。

マグダラのマリアの全能幻想

帰途でイエスに出会ったというのは「マタイ伝」が後から創作したものです。「マルコ伝」にも「ルカ伝」にもありません。「マルコ伝」と「ヨハネ伝」ではマグダラのマリアの前に最初にイエスが現れたことになっています。これは重要です。

「イエスは週の初めの日の朝早く復活して、まずマグダラのマリアに御自身を現された。このマリアは、以前イエスに七つの悪霊を追い出していただいた婦人である。マリアはイエスと一緒にいた人々が泣き悲しんでいるところへ行って、このことを知らせた。しかし彼らは、イエスが生きておられること、そしてマリアがそのイエスを見たことを聞いても、信じなかった。」

（「マルコ伝」第一六章9〜11節）

マグダラのマリアは悪霊にとりつかれやすいと表現されているところから見ますと、熱にうかされやすい、我を忘れやすい性格の女性なのです。ですから、使徒たちにすれば、イエスを失った悲しみのあまり、正気を失って、別の人をイエスと思い違いしたのだろうと判断されたのです。

「こう言いながら後ろを振り向くと、イエスが立っておられるのが見えた。しかしそれがイエスだとは分からなかった。イエスは言われた。『婦人よ、なぜ泣いているのか。だれを捜しているのか。』マリアは、園丁だと思っていた。『あなたがあの方を運び去ったのでしたら、どこに置いたのか教えてください。わたしが、あの方を引き取ります。』イエスが、『マリア』と言われると、彼女は振り向いて、ヘブライ語で『ラボニ』と言った。『先生』という意味である。イエスは言われた。『わたしにすがりつくのはよしなさい。まだ父のもとに上っていないのだから。』」（「ヨハネ伝」第二〇章14～17節）

マリアは、後でイエスと分かる男を、園丁だと思っていたのです。ところで聖餐があったとしますと、マリアもイエスが墓の中にいないことは分かっていたのです。でも園丁には、イエスの墓の中の遺体がなくなっていることを訴えないといけなかったのです。ところが話しているうちに、園丁が「マリア」と言ったように聞こえたのです。そしたら園丁が実はイエスだと分かったので、マリアは「ラボニ（先生）」と呼んだということです。

イエスを園丁と見間違えていたのか、それとも園丁をイエスと見間違えたのか、はたしてどちらでしょう。どうしてイエスを園丁に見間違えていたのでしょう。それは簡単ですね、園丁の格好をしていたからです。しかし復活したてのイエスが、どうして園丁の格好をしていなければならないのでしょう。それはどう考えてもおかしいですから、園丁が途中でイエスに見え出したのだとして、その心理を分析しましょう。

マグダラのマリアは大変情の激しい女性です。イエスに七つの悪霊を追い出して貰ったぐらいですから。それでイエスに帰依する気持ちも強く、イエスを失った悲しみも気も触れんばかりで、張り裂けそうな思いにかられていました。ですから時々「マリア」とイエスが呼ぶ幻聴が聞こえていたのです。それでこの時「マリア」と呼ぶ声がした時に園丁がいたので、園丁が「マリア」と呼んだように聞こえました。でも、マリアを呼ぶのはイエスのはずなので、今度は園丁がイエスに見えたということです。

そんな簡単に人の姿が違って見えるのだったら、マリアの精神状態は正常とは言えません。しかし正常ではないということと病気とは別です。マリアはイエスの聖餐に加わっていたので、神の子との合一感から全能幻想が異常に高まっていました。イエスの声が聞きたいという気持ちから「マリア」という幻聴が聞こえるのです。ですから、「マリア」と呼ぶ人はイエスであるという自分の判断を、全能幻想の力で正しく見せるために、園丁の顔がイエスに見えてしまうわけです(1)。

そして園丁がイエスだと思い込んでしまいますと、園丁の話していることはすべてイエスが話していると思っているのですから、実際の園丁の話はほとんど違うように聞こえるのです。こういうマリアの話をマリアの気性をよく知っている弟子たちは、イエスを失った悲しみのあまり気がふれているのだろうと受け止めていたのです。聖餐に加わった使徒たちにすれば、イエスの復活は自分たちの魂の中で聖霊が活躍するという形で復活する筈だと思っていたのです。もう食べて無くなってしまったイエスが肉体を持って復活するのはどう考えても奇怪《おか》しいですから。

エマオに現れたイエス

「ルカ伝」によりますと、そのことがあってからイエスの弟子が二人、所要でエルサレムの近くの町のエマオに向かっていました。その内一人はイエスの親類のクレオパです。二人はその朝の不思議な出来事について語り合っていました。婦人たちが墓に行くと、墓は空《から》で天使が現れ、イエスが生きていると言ったのです。その報告を聞いて仲間が確かめに行きましたが、墓は空だったという話です。その話中に復活したイエスが近づいて来て、その不思議な話を聞いたのです。イエスと話をしていても「二人の目は遮《さえぎ》られていて」イエスとは分からなかったとしています。

　二人はしきりに不思議がっているものですから、イエスは、メシアはこういう苦しみを受けて栄光に入るはずだったじゃないかと諭しました。そしてエマオに着いたのが日が暮れる頃だったので、クレオパ達はイエスに、一緒にお泊まり下さいと引き止めました。そして食事の際、イエスがパンを裂いて弟子たちに渡した時に、二人の目が開けて、イエスだと分かったのです。でもその姿は見えなくなってしまいます。

「ルカ伝」では、イエスが見知らぬ旅人に見えていたけれど、イエスのような気高い話をされ、パンを裂かれたときにイエスだと分かったことになっています。しかしそれは後からイエスだと分かったからですね。時間を追って見ますと、やはり見知らぬ旅人に、気高い話をされて感動させられ、その上で、食事でパンを裂くことで、最後の晩餐のイエスの姿が鮮やかにフラッシュ・バックしたので、その旅人がイエスに見えたということなのです。

　やはりクレオパたちも聖餐に加わっていたとしますと、神の子との合一感を抱いています。それで全能幻想を抱きやすいのです。このフラッシュ・バックで全能幻想が一気に高まりました。そうしますと、この旅人とイエスが重なって一つになるわけです。だってイエスの復活を渇望している上に、イエスのような話をし、イエスのようにパンを裂く人が現れたのですから、それはイエスの復活であって欲しいわけです。全能幻想が高まりますと希望が現実に瞬時に移行するのです。とはいえ、イエスと間違われた旅人は、困惑して立ち去りますから、イエスが消えてしまったということになったのです。

弟子たちに現れる

クレオパたちは、復活したイエスに会った報告をするためにすぐエルサレムにもどります。マグダラのマリアとクレオパたちの復活体験を聞いたので、それが弟子たちに復活への期待を高めます。ですからイエスの「最後の晩餐」の後での予告にも関わらず、ガリラヤで最初に復活後のイエスと再会したのではなく、エルサレムで再会したのです。「マタイ伝」だけがガリラヤでの再会に固執していますが、これは間違いです。「マタイ伝」より古く書かれたといわれる「使徒言行録」によりますと、エルサレムに復活のイエスが現れて、近く「聖霊による洗礼」があるので、エルサレムで待つように弟子たちに指令しているのです。ガリラヤでの復活は宙に浮いています。

この「聖霊による洗礼」は既に終わっています。「聖餐による聖霊の引き継ぎ」が「聖霊による洗礼」なのです。でもそのことは絶対に露見してはならない秘儀です。ユダヤ教から見ますと、イエスはあくまで人間です。唯一神論からは「神の子」は実子としてはあり得ないんですから。人の肉を食べ、人の血を飲んだということは、人の限界を越えて、悪魔のような存在になったということですから、イエス教団は皆殺しにすべきだということにもなりかねないのです。それで「聖霊による洗礼」はイエスの復活後に、いったんイエスが天に昇って、聖霊を神から頂戴して来てから行われたことにしたわけです。

イエスは「マルコ伝」では食事中に現れます。おそらくパンを裂く時か、赤ワインを飲む時か、肉を食べる時でしょう。「最後の晩餐」や「過越の食事＝イエスの聖餐」がフラッシュ・バックしますから。

「その後、十一人が食事をしているときイエスが現れ、その不信仰とかたくなな心をおとがめになった。復活されたイエスを見た人々の言うことを、信じなかったからである。それから、イエスは言われた。『全世界に行って、すべての造られたものに福音を宣べ伝えなさい。信じて洗礼を受ける者は救われるが、信じない者は滅びの宣告を受ける。信じる者には次のようなしるしが伴う。彼らはわたしの名によって悪霊を追い出し、新しい言葉を語る。手で蛇をつかみ、また毒を飲んでも決して害を受けず、病人に手を置けば治る。」（「マルコ伝」第一六章14〜18節）

マグダラのマリアの場合の園丁やクレオパたちの場合の見知らぬ旅人は、自分がイエスに見間違えられているという自覚があります。あくまでも復活を見る側の主観的な復活体験だったのです。ところが使徒たちの前に現れたイエスは、復活を信じなかったことを咎めています。「ルカ伝」では手足を見せたり、焼いた魚を食べたりして生きた肉体を備えた人間として復活していることをアピールします。つまり自分が復活のイエスだと思い込んでいるのです。

自分が復活のイエスだと思い込めるのはだれでしょうか。それは食べられたイエスでしょうか。イエスの肉や血は食べた使徒たちの中で消化され三日目にはほとんど糞や尿や汗になって排泄されています。でも聖霊が宿っていたとすれば、聖霊は使徒たちの魂の中に宿っているのです。ですからイエスは使徒たちの外に現れるのは奇怪しいのです。

聖霊は人格的にはイエスのような性格や個性を持っていると、弟子たちは思っていました。イエスが食べた人の心の中から話しかけてきます。自分の中からイエスの声がするのです。そうしますとイエスという人格は強烈ですから、各弟子たちの中で弟子たちの個性を圧倒するような気持ちになるのです。だってイエスの肉を食べ、血を飲んでいるのですから、イエスとの一体感は強くなっているのです。その上、神の子との一体感は全能幻想を異常に高めますから、自分が憧れのイエスに成りたいという思いを一挙に実現してしまうのです。それでいわゆる二重人格的症状に陥ります。ただし、そのことで元々の自分の個性を見失い、イエスに成っている時の自分は、後で自分の個性に戻った時には決して思い出せないのです。

もちろん聖餐に加わった人がみんなイエスになるわけではありません。誰かがイエスに成りきっている間は、自分の中のイエスは眠っています。そしてイエスに成りきっている人を見ますと、彼らは全能幻想が異常に高まっていますから、その人が復活のイエスに見えるのです。元の人格に戻りますと、自分がイエスに成っていたことは完全に忘れているのです。イエスは四十日間も現れたと言いますから、ずっと同じ人ではなかったと想像されます。

一番、イエスの復活だと皆が確信したのは、容貌が似ていたとされるイエスの弟ヤコブがイエスとして振る舞った時だったと思われます。(2)ただ弟ヤコブがどの時点から使徒たちと一緒に行動するようになったか、明確ではありません。初期キリスト教団ではペトロの次に教皇になっているのです。それだけ中心的存在に成るということは、彼の言行がイエスを髣髴《ほうふつ》とさせたからです。もしイエスの聖餐に加わっていて、三日目にエルサレムにいたのなら、弟ヤコブにイエスの聖霊が憑依《ひょうい》したという実感が強まり、無意識のうちに復活のイエスに成りきって行動したことは大いにあり得ることです。

復活体験と世界宣教

イエスの復活は三日目だけではなく、少々オーバーでしょうが、四〇日間も継続したとされます。それだけエルサレム入城から神殿での説教、奇跡、論戦、最後の晩餐、イエスの裁判、十字架刑、〈イエスの聖餐〉、暴かれた墓、三日目の復活という一連のホーリー・ウィーク（実際には八日間ですが）の衝撃が大きく、その余韻からなかなか抜けきれなかったのです。未だに世界にはその余韻に浸っている人々がたくさんいるのです。

これらの衝撃は結局イエス・キリストの復活体験にまとめられますから、復活を疑ったり、否定したり、声だけの復活に止めたり、精神的な事件に止めたりする人々は、とんでもない不信心の罰当たりだといわれます。ですから、すべてイエスを冒瀆するものとして排斥されます。イエスの復活を認めるか、認めないかです。「信じて洗礼を受ける者は救われるが、信じない者は滅びの宣告を受ける」のです。

イエスの復活については、復活したイエスを見たという当事者の確信が非常に強いところに特徴があります。そしてそれは彼らの自分たちの心の中に聖霊として復活するという予想を越えて、眼前に肉体を持って復活したものですから、その宗教的信念は不動のものになり、死を賭しても布教すべきものだと思われたのです。なぜならイエスが死を克服して復活しているのですから、死はもはや恐ろしいものではないからです。

彼らが死を賭して布教するのですから、どんな障害もこれを妨げることはできません。ですから、それは必然的に世界布教ということになります。世界中の人々が、主イエス・キリストの復活を認め、イエス・キリストへの帰依によって救われることを信じるかどうかが迫られるわけです。そのことを認めないと審判で滅ぼされてしまうという脅迫が込められています。しかし本来は、そんな問題ではなかったはずですね。トーラーによって救われると信じて、そのためにトーラーを守ったら、かえってトーラーに反することになるのではないかという、「トーラーの呪《のろ》い」をどう解決すべきかという問題でした。

イエス・キリストの復活という奇跡を認めろと言われても、何を根拠にということになります。信じたい人は信じればよいわけで、信じられない人まで信じなくてもいいわけです。それを信じないと滅ぼされるぞと脅迫するのは問題です。信じないと滅ぼされるぞという脅迫は、異教徒への蔑視が含まれかねないからです。つまり信じない人はどうせ神から滅ぼされるだけの値打ちしかないのだから、自分たちの利害を守るためには、異教徒の人権を無視しても、殺してもよいということになりかねないのです。

パウロの復活体験

ところでイエスが聖餐によって復活したという仮説は、サウロ（パウロとも呼ばれていた）の体験には当てはまりません。ですから「聖餐による復活」仮説だけですべてのイエスの復活体験を説明できるわけではないのです。ではどうしてサウロは復活したイエスを体験したのでしょうか。彼は熱心なファリサイ派で、キリスト教徒の弾圧に情熱を注いでいました。

「さてサウロはなおも主の弟子たちを脅迫し、殺そうと意気込んで、大祭司のところへ行き、ダマスコの諸会堂あての手紙を求めた。それはこの道に従う者を見つけ出したら、男女を問わず縛り上げ、エルサレムに連行するためであった。ところが、サウロが旅をしてダマスコに近づいたとき、突然、天からの光が彼の周りを照らした。サウロは地に倒れ、『サウル（サウロのこと）、サウル、なぜ、わたしを迫害するのか』と呼びかける声を聞いた。『主よ、あなたはどなたですか』と言うと、答えがあった。『わたしは、あなたが迫害しているイエスである。起きて町に入れ。そうすれば、あなたのなすべきことが知らされる。』同行していた人たちは、声は聞こえても、だれの姿も見えないので、ものも言えず立っていた。サウロは地面から起き上がって、目を開けたが、何も見えなかった。人々は彼の手を引いてダマスコに連れて行った。サウロは三日間、目も見えず、食べも飲みもしなかった。」（「使徒言行録」第九章1～9節）

サウロはキリスト教徒を激しく弾圧したのです。拷問を加えたり、殺害したりして迫害したのです。サウロはキリスト教徒をトーラーを軽視し、神殿を侮辱する連中と考えていましたから、神の義を守るためには、キリスト教を撲滅しなければならないと決意していたのです。ところがキリスト教の弾圧は、キリスト教徒の愛の解放戦略によって、大変やりにくいものになっていました。なぜなら、キリスト教徒たちは自分達を憎み、迫害する敵に憎しみを返すのではなく、愛を返そうとしたのです。「汝の敵を愛し、汝を迫害する者のために祈れ」という態度を貫いたのです。それでサウロはキリスト教徒を憎みきることができなくなっていきました。そしてそこまでキリスト教徒を導くことができたイエスをいつしか無意識に尊敬するようになっていたのです。

キリスト教を憎み撲滅しようとする感情と、キリスト教徒やイエスに心打たれる感情が内心で激しく葛藤して自分のアイデンティティを保つことができなくなってしまって、真っ白になったのです。その時の感覚が「天からの光が彼の周りを照らした」という感じです。そしてイエスの声が聞こえたのです。もちろんこれは幻聴です。内面の良心の声とでもいうものでしょう。

でも具体的に復活のイエスが「町に入れ」と指示を送っていて、後で指示どおりの事態が起こります。おそらくそういう部分は後の創作でしょうね。もしこれがサウロの創作でなく、事実そのままだとしますと、このサウロにおけるイエスの復活は、初期キリスト教団がサウロの心の変化を読み切って、大胆に仕組んだサウロ回心劇だったということになります。

崖の上から大きな鏡を使って、サウロを驚かせ、動揺しているところへイエスの声を聞かせたわけです。サウロはイエスを知りませんから、誰の声でもいいわけです。もしそんなことができたとしたら、キリスト教徒の読心術は凄かったことになります。だってサウロは凄い意気込みで弾圧に情熱を傾けていたらしいですから、その裏を読み切るのはとても常人ではできません。

「命のパン」における循環と共生の思想

梅原戯曲における「復活」

市川猿之助劇団の歌舞伎を「スーパー歌舞伎」と呼びますが、それは梅原猛作『ヤマトタケル』を上演して以来の呼び名なのです。その意味で梅原猛は「スーパー歌舞伎」の産みの親と呼んでもよいと思われます。既成の歌舞伎が古典芸能化して生気を失ってきたのを、大仕掛けな舞台装置を使って、歴史的な大スペクタクル劇でリフレッシュさせようとする試みです。その上梅原戯曲の特徴は、歴史上のヒーローに作者の人生を重ね合わせながら、その情念を躍動的に描いているところにあります。

『ヤマトタケル』『オオクニヌシ』『小栗判官』『ギルガメシュ』などを読みますと、そこに重要なテーマとして「復活」というテーマがあることに気づいたのです。『ヤマトタケル』では、ヤマトタケルの魂は望郷の念やみがたく、白鳥になって大和に帰ってきます。霊が鳥の姿をとるのは霊鳥説話といって世界中に見られます。これは復活や生まれ変わりではありません。霊を実体をもった命の塊のように捉えているわけです。でも死んでも霊が鳥になって思いを遂げるという点で、復活や生まれ変わりと共通点があります。

『オオクニヌシ』ではオオクニヌシは二度殺されますが、最初は育ての親である沼のばばあに助けられます。これは梅原が戦後最も落ち込んで死ぬことばかり考えていた院生時代に、育ての親が心配して京都にでてきて、同居して何とか立ち直らせてくれた体験が投影されているのです。オオクニヌシは二度復活し、復活する度に以前より飛躍的にパワーアップして遂に全土を支配するのです。

小栗判官は照手姫を見初めて関東武士のしきたりを無視して、親の許しのない段階で肉体関係を持ってしまったので、照手姫の親に殺されます。でも閻魔様に復活させてもらうのですが、ひどいらい病でいざり車に乗って熊野神社まで旅をするのです。大変屈辱的な目に遭いながら、やっと熊野に到着しますが、そこでも耐えがたい屈辱をあじあわされ、遂に熱湯に飛び込んで自殺を図ります。この屈辱体験には梅原の軍隊体験が重なります。

でも熱湯には薬師如来がいて、小栗を抱いて助けてくれるのです。そうすると薬師如来のお陰で、らい病がきれいに治っていました。『小栗判官』でも死からの復活によって、結局精神的あるいは肉体的に強くなるということがあります。死を体験して、死に打ち勝つ、あるいは九死に一生を得て強くなるというのは、お芝居の筋書きとして、大変観衆の感動を誘います。そのへんの観客心理をよく読んで書いています。

死して生きる

イエス・キリストの死と復活も、梅原戯曲と共通しています。イエスは大変素晴らしい説教と悪霊払いのパフォーマンスで熱狂的な民衆の支持を受けますが、いろんな事情でブームは去り、急速に支持を失います。そしてエルサレムに入城して起死回生を狙います。でも結局は失敗に終わり、十字架にかけられて、殺されてしまいます。ところが三日目に予告通り死から復活して、弟子たちの前に現れたのです。本当に復活したのなら、すぐにでも終末になって、イエスによる審判があるはずなのですが、それが未だにないんです。ともかく生前のイエスよりも猛烈にパワーアップしたイエスが再臨して審判になると、これが凄いホロコースト（大虐殺）になるぞ、という呪われた預言が「ヨハネの黙示録」なのです。これがいかに危険なものであり、聖典から削除すべき文書であるかは、「オウム真理教事件」が如実に示しています。(1)

イエスは復活して天に昇ったとされ、再臨の約束は未だに果たせていませんが、イエスの復活体験が初期キリスト教団を形成させました。これがイエスの復活体験によって猛烈なパワーアップを実現し、世界布教に乗り出し、遂には四世紀にローマ帝国の支配宗教にまでなったのです。死と正面から立ち向かい、死から逃げないで、死を運命として受け入れながらも、死を克服して永遠の命に繋がろうとしたイエスの試みは、今日でも我々の心を激しく揺さぶります。まさしく西田哲学でいう「死して生きる」(2)の心意気です。

ただ個体的な生に固執し、個体的に生き長らえようとばかりしても、いずれは老い衰えて死ぬか、病気や事故で必ず死ぬことになっています。それより人間が本当に生きるには個体的な生命を越えて、社会的な類的な生命の中で自らを実現して生きることです。しかし現実には、自らの生命を輝かそうとすれば、個体的な生命を危険に晒《さら》さなければならない場合もあります。その時に自らは個体的には死ぬことになっても、自己の生命は社会や人類の中で実現し輝くことになるのです。そして自己の生命は、より大きな生命の中でその生きた部分でありつづけることができます。個体的には既に朽ち果ててしまっているとしてもです。

人がヒーローに成りうるのは、自らは個体的には死ぬことになっても、自己の生命を社会や人類の中で実現し輝かそうとすることによってのみです。何らかの意味で命懸けの覚悟がなければ、人の魂に縦《たて》揺れを起こすことはできないのです。その意味でイエスは予め十字架刑を予告し、三日目の復活まで予告して、聖都エルサレムに乗り込み、既成の神殿権力と真っ正面から対決して、一歩も引き下がろうとしませんでした。したがって十字架刑に付けられるのはある意味で自業自得です。ですからイエスがヒーローとしての評価を受けるのは、その上に復活を実現したことによってです。

しかしこの復活は、個体的な生命の復活のようにみえましたが、実際には、個体的な復活は幻想的復活に過ぎませんでしたから、イエスは天に昇ったきり未だに再臨できないのです。つまり個体的生命としての身体的な永続はできていません。しかし未だにイエスはキリストと認められ、人類のなかに普遍的な愛の根源としての生命を保っています。その意味でイエスは「死して生きている」のです。

「命のパン」の思想

イエスは自らを本物の食べ物、本物の飲み物として自分の肉と血を弟子たちに与え、聖霊を引き継がせました。もちろんカニバリズム的行為は継承するべきではありません。カニバリズムは殺人願望と同様に人間の根源的な衝動に属しており、宗教的カニバリズムを例外として認めれば、その形式の下で人喰いの風習が復活し、とても安心して暮らせない状態になるでしょう。

イエスは聖霊を自分の死後引き継がせるには、自分が「命のパン」になるしかないというギリギリの選択に基づいて聖餐を行わせたのです。それは聖霊を鳩にも見えるような実体的なつきものとして、体の中に住みついたり、とりついたり、離れたりできると捉えていたからです。聖霊や悪霊をつきものとして捉える信仰を「つきもの信仰」と言います。そこから聖霊による悪霊払いという治療法が出てきて、イエスの奇跡の主要な形態になっていたのです。しかし本当に聖霊は肉体から取り出せるつきものなのでしょうか。聖霊を宿している人を食べれば、本当にその聖霊が引き継げるのでしょうか。それが問題ですね。

イエスは「トーラーの呪い」から人々を解放する「二つの愛」に生きる生き方を考えついた時に、その発想が自分個人の能力によって考えついたのではなく、自分を越えた大いなる存在から与えられた力によって考えついたと思ったのでしょう。その力が聖霊だと思って、だからつきもののように聖霊をみなしたのでしょう。いわゆるインスピレーションのようなものです。元々個人の発想も社会や自然との関わり、歴史の展開の中で生じるものですから、自分では信じられないような発想がふいに出てくることがあります。それで霊が入ったと思ってしまうのです。自分一人で考えているのではなく、集団や社会や人類や自然が苦しみもがき、自分の中で考えているんだということなのです。それは決して、出し入れしたり、取り替えたり、移転させたりできるものではありません。

イエスの「命のパン」の思想は、つきもの信仰という迷信からの発想であるにせよ、神を食べる宗教的カニバリズムになってしまいました。カニバリズムは大変危険な思想で、厳禁すべきものです。キリスト教会が「パンと赤ワインの聖餐」に変えたということはとても健全な知恵でした。とはいえ、カニバリズムに全く学ぶべきものがなかったとは言えません。そこには「食べる」だけではだめで、「食べられる」ということも必要だという認識が入っているのです。

人間は食物連鎖で頂点に立ち、食べられるということを忘れてしまいました。実際には土に帰ってバクテリアに分解されたり、焼却されて空気に戻っているわけで食物連鎖の循環は存在しているのです。でも自分では、自然の外に立って、自然を自分たちの生存のための生活手段としてしか捉えていません。自分自身もその中に含まれている大きな生命としての自然は忘却されているのです。ですから、大いなる生命とは切り離された個体的生命に固執してしまいます。ところが個体的生命は始めも終わりもある有限な存在で数十年の寿命しかありません。これに固執しますと永遠の生命からは断絶したままです。

個体的生命は他の個体的生命から生命を貰って、生きています。ですから個体的生命が生きるというのは、他の個体的生命を殺し、その命を自分の中で燃やすことによってなのです。こうしてそれぞれの個体的生命は他の個体的生命を生かすことで、自己の生命力を実現しているのです。牛を生かしているのは草の命です。牛の中に草の命が燃え生きているのです。その牛を食べることで、人間は生かされ、牛の命が人間の中で燃え生きるのです。このようにして全体としての命が生きているのです。

元々は命は一つだったのです。それが厳しい環境の中で生きるために、多様な種や個体に分かれて、様々な条件に適応して広がっているのです。そして食べたり、食べられたりする関係を形成するのも、環境への適応です。元々一つのものが〈食べる・食べられる〉関係で一つに帰っているわけです。個体的生命を越えた、大いなる生命の営みなのです。

永遠の生命に帰るのは、食べてばかりでは駄目です。食べられるという営みによって、始めて永遠に循環している大いなる生命に帰れるわけです。個体的生命である肉も血も魂も聖霊までもすべて捧げ尽くして、イエスは全身全霊で愛に生き抜いたのです。それは個体的には死であり、食べられることですが、そのことで永遠に生きる命に帰ることが出来たのです。

イエスを食べた弟子たちが永遠の生命を生きるには、イエスに倣《なら》って身も心も捧げ尽くして生きることによってしかありません。しかし、それを短絡的《たんらくてき》に宗教的カニバリズムにしてしまえば、キリスト教は歴史から抹殺されたでしょう。宗教的カニバリズムは必ず世俗のカニバリズムを生み出し、社会に大きな脅威となるからです。土葬にして土に帰しても、火葬にして空気に帰しても、土も空気も大いなる生命を構成しているのですから、生命の循環に帰ることに違いはないのです。

大切なことは自らの生命をどのように生かすかということです。献身の意義を説き、殉教の尊さを説きますと、滅私奉公の時代錯誤ではないかと思われるかもしれません。宗教にもよるでしょうが、死を賭けて自己の宗派のために戦うことを美化し、そのために宗教紛争が煽られる傾向があるようです。

人間は、自己実現するためにも、自分の全身全霊をぶつけて、自己の限界に挑戦し、たとえそのために命までも危険に晒すことになっても、やり遂げなければならない場面があります。ところが個体的生命にのみ固執していますと、自分の選択や行動範囲に自ずから限界ができてしまいます。個体的生命を越えて、社会の中や地球環境の中で自己の可能性をどう実現するか、自己を全体のためにどう輝かせるかというように、価値意識を広げてゆかなければなりません。そうでないと、快楽や金銭的な利害でだけ行動することになってしまうのです。個体的生命を越えた社会的生命や地球的生命の中での自己を発見することで、自己実現の限界が広がります。

イエスは自分の個体的生命を投げ出すことによって、全世界を手に入れるという危険極まりない賭けに出たのです。しかもそれはイエスの宗教的天才ならではの奇想天外な方法によってです。自分の肉と血を食べさせることによって、弟子たちに聖霊を引き継がせ、弟子たちの中に復活しようという目論見です。実体として聖霊が移転するなんてことはありえませんが、弟子たちの中に聖餐によって、イエスの精神が再生したことは確かです。こうしてイエスは不滅の生命を人類史の中で輝かせているわけです。

カニバリズムの二番煎じを演じてもナンセンスですが、イエスはイエスの時代に彼の希有《けう》な宗教的感性でカニバリズムの中に、ユダヤ社会の閉塞を打破し、世界宗教への脱皮を図るきっかけを見い出したのです。それ以外に方法はなかったのかは定かではありませんが、それが追い詰められたぎりぎりの選択だったことは確かです。イエスの「死して生きる」方法だったのです。そこにわれわれは個体的生命の限界を越えて、生命の「共生と循環」に生きる先駆的な思想を学ぶべきではないでしょうか。西暦二千年代は、大いなる生命としての地球環境の「共生と循環」が大きなテーマです。個体的生命を越えて、この大いなる生命との合一を目指し、われわれも思想的冒険を試みる時なのかもしれません。

注

プロローグ 「人喰い」と「イエスの復活」

(1)竹田英尚著『文明と野蛮のディスクール』(ミネルヴァ書房、二〇〇〇年刊)はアレンズの立場に立って、「カニバリズム」を相手を野蛮視することで不当に抑圧するためのレッテルと解釈し、人喰いは神話に過ぎないと考えている。
(2)やすいゆたか著『キリスト教とカニバリズム』(三一書房、一九九九年刊)「第四章宗教的カニバリズム」六八～七一頁参照。
(3)大西俊輝著『人肉食の精神史』(東洋出版、一九九八年刊)参照。カニバリズムについてのまとまった研究としては最良。臓器移植に係わる医師としてカニバリズムの倫理上の問題を誠実に見極めようとしたもので、必読書である。
(4)W・アレンズ著、折島正司訳『人喰いの神話―人類学とカニバリズム―』(岩波書店、一九八二年刊)二五七～二五八頁参照。
(5)石塚正英・やすいゆたか共著『フェティシズム論のブティック』(論創社、一九九八年刊)参照。石塚との対話とその後の著述を通して私の「聖餐による復活」仮説は形成されていった。
(6)佐川一政著『霧の中』(話の特集、一九八三年刊)参照。
(7)やすいゆたか著『キリスト教とカニバリズム』「第七章　聖餐式(エウカリスティア)の神学」一四一～一六〇頁参照。
(8)自我防衛機制で「反復」というのはフロイトの著作や娘のアンナ・フロイトの『自我と防衛』(外林大作訳、誠信書房、一九五八年刊)にも出ていない。イエスに対する聖餐はカニバリズムタブーの侵犯だという面があるので、それが神聖な行ためであったことを弁明しなければならない。しかしタブー破りをしたことはあくまで秘密にしなければならないので、その弁明は、無意識的な自我防衛機制として行われる。そしてパンと赤ワインの聖餐は、原行為が子なる神との神聖な合一の儀式であったこと示している。そしてそのことを「反復」することで主張しているのである。この反復は一種の無意識な理由付けであるから「合理化」に含まれるのではないだろうか。なお「合理化」を防衛機制に含めたのは、一九〇八年刊のノートン・ジョーンズ『日常生活における合理化』(異常心理学第三巻)である。

(9)酒井和夫著『分析・多重人格のすべて』リヨン社、一九九五年刊、六五頁によると交代性の多重人格の場合最も多いのが、元の人格Aが別の人格Bに交代する場合、AはBになっている自分を覚えていないし、その存在も知らないが、BはAのことをよく知っている。その他に少数例として互いに知っている場合と互いに知らない場合もある。

第一章　ユダヤ教とキリスト教とは何か

(1)石塚正英著『フェティシズムの思想圏』世界書院、参照。

(2)石田友雄『ユダヤ教史』(世界宗教史叢書4)山川出版社。P・K・マッカーター・ジュニア他著『最新・古代イスラエル史』(ミルトス刊、一九九三年)参照。

(3)エーリッヒ・フロム「キリスト論教義の変遷」(『革命的人間』現代社会科学叢書東京創元社、所収)参照。

第二章　イエスの降誕

(1)マックス・ウェーバー『支配の社会学Ⅱ』(世良晃志郎訳、創文社、一九六二年刊)(Max

Weber, Wirtschaft und Gesellschaft, Grundrisse der verstehenden Soziologie, vierte, neu herausgegebene Auflage, besorgt von Johannes Winckelmann, 1956, Kapitel IX. Soziologie der Herrschaft, 5. -7. Abschnitt(S.633〜734))

「第六節　カリスマ的支配とその変形」の「八　カリスマの『物件化』、家カリスマと氏族カリスマ、『氏族国家』、長子相続制」によると次の通りである。なお世良は「フェアザッハリッフング」を「没主観化」と訳している。しかし、これは「つきもの」となって移転するのだから、「物件化」と訳すべきである。この四六六〜四六七頁から当該箇所を取り出してみよう。ただし分かりやすく改訳してある。

「カリスマのフェアザッハリッフング（物件化）の最もよく知られたケースは、血の紐帯を通じて移転しうるという信仰である。使徒や従士及びカリスマ的に支配されている共同体のカリスマの永遠化を求める渇望は、この方法によって最も簡単に充たされる。この場合、本来の意味での—個人的な—相続権の観念を用いて理解してははならない。相続権という概念は、元々は、家共同体の構造にそもそもなかったものなのである。相続権という観念ではなしに、個々人は変わっても財産保有者としての永続的な家共同体は不死であるという観念が、存在したにすぎない。カリスマが世襲するものであるということに関して元来肝心なことは、カリスマは、呪術的な恩寵を受けているとみなされているような家共同体やジッペに付着しているものであり、カリスマの担い手はこの家共同体やジッペの中からしか現れないということなのである。この観念はそれ自身きわめて当然のことのように思われるので、その成立は特別の説明を必要とされないのである。そのことによって、このような恩寵を受けたものとみなされている家は、他のあらゆる家にはるかに抜きんでて有力とされた。またこの資質は自然的な方法によってでは獲得できるものではない、特殊なカリスマ的な資質である。この資質に対する信仰が、どこにおいても、国王や貴族の勢力の発展の基礎となったのである。…………

日本のカリスマ的支配者たる神武天皇の家（氏）から出自した（と云われている）諸家族は皇別と呼ばれた。皇別は永続的に特殊な恩寵を恵まれた家族として現れ、他の氏に対して優位を保持している。」（原文、六八〇頁）

（2）イアン・ウィルソン『真実のイエス』（紀伊國屋書店、一九九七年刊）参照。

第三章　イエスの出家

（1）イアン・ウィルソン『真実のイエス』五九〜六三頁参照。

（2）ハリー・トーマス・フランク『Discovering Biblical World 歴史地図と写真で実証する聖書の世界』東京書籍、参照。

（3）S・サフライ、M・シュルテン編『総説・ユダヤ人の歴史上—キリスト教成立時代のユダヤ的生活の諸相—』「第五章　ヘロデの治世とヘロデ王国」一一三〜一一八頁参照。ヘロデ王とその後継者、特にガリラヤ領主となったヘロデ・アンティパスは、都市や神殿の建設に力を尽くしたが、その費用はユダヤ人小作農が重税の負担を担っていたことが分かる。

（4）バプテスマのヨハネの処刑については、「マタイ伝」一四章3節〜19節、「マルコ伝」六章19節〜24節に記述されている。

井村君江『「サロメ」の変容』（新書館、一九九〇年刊）「史実と聖書のサロメ」参照。

（5）ウォルター・ベンヤミン「雑誌『新しい天使』の予告」（著作集十三巻『新しい天使』一七頁、晶文社、一九七九年刊）

第四章　ガリラヤでの伝道

（1）サルトル著、白井健三郎訳「沈黙の共和国」（『サルトル全集十一巻』人文書院、所収）
（2）荒井献『問いかけるイエス―福音書をどう読み解くか』NHK出版、一九九四年刊の　第3講「心の貧しい人々は幸いである」参照。
（3）エラスムス著、箕輪三郎訳『平和（パックス）の訴え』岩波文庫、参照。
（4）S・ベンコ編著、新田一郎訳『原始キリスト教の背景としてのローマ帝国』教文館、一九八九年刊、一〇九頁参照。
注（11）の『総説・ユダヤ人の歴史上』「第三章　ユダヤ人ディアスポラ」の注（16）によれば、ハルナックはユダヤ人は帝国の人口の七パーセントを占めていたと考えている。S・W・バロンの『ユダヤ人の社会と宗教の歴史』一九五二年刊によれば、当時ユダヤ人は八〇〇万人に達し、ローマ帝国の住民の中で十人に一人はユダヤ人であったが、ヘレニズム時代の東方においては五人に一人はユダヤ人であった。

第六章　メシアをとるかトーラーをとるか

（1）やすいゆたか「ほふられた仔羊―オウム真理教と『ヨハネの黙示録』」『月刊　状況と主体』一九九六年三月号所収。

第七章　命のパンと教団大分裂

（1）バートン・マック『誰が新約聖書を書いたか』（青土社、一九九八年刊）参照。
（2）大和岩男『魔女はどうして人を食らうか』（大和書房）参照。
（3）シャーマンの葬儀に当たってその霊能を継承するために後継者がその死体を食べる慣習は、カニバリズムの分類では「呪術的食人」にあたる。しかしシャーマニズムの研究書にあたっても、直接そのような慣習は紹介されていないから、現存していないのだろう。ただしシャーマンは、自分の死と再生を自己催眠的に体験しているのである。ロジャー・ウォルシュ著『シャーマニズムの精神人類学』（春秋社、一九九六年刊）八四〜八五頁によると、「体から肉と血を取り去り、骨しか残さない。…そのようにして自分自身を裸にして見つめ、やがては朽ち果てていくはかない肉と血から完全に自由になって、彼は自分自身を―シャーマンの聖なる言葉で言えば―偉大な使命に捧げる。その作業を通して、彼の骸骨は死後も、太陽や風、天候の変化に耐え、長く生き続けるのである。」「悪魔、あるいは先祖の霊に切り裂かれる。骨はきれいにされ、肉はそぎ落とされ、体液は捨てられ、眼球は穴からもぎ取られる。…それから骨は新しい肉体で覆われ、場合によっては新たな血液さえ、流し込まれる。」このような自己催眠的なイマジネーションによる「死と再生の体験」は、シャーマンの霊能が葬儀に際して次のシャーマンにカニバリズムの秘儀によって引き継がれてきたことを暗示しているのである。

第八章　エルサレムへ

（1）田川健三『イエスという男』（三一書房、一九八〇年刊）「第二章　イエスの歴史的場（5）帝国（カイサル）の税金（もの）と神殿税（かみのもの）」一〇六〜一一五頁参照。
（2）同右、「第一章　逆説的反抗者の生と死（6）イエスは愛の説教者ではない」参照。

第九章　最後の晩餐

（1）石塚正英・やすいゆたか共著『フェティシズム論のブティック』（論創社、一九九八年刊）参照。
なお石塚正英は『歴史知とフェティシズム』（理想社、二〇〇〇年六月刊）所収の「Cultus―儀礼と農耕の社会思想史―」でイエスに対して弟子たちが葬儀でカニバリズムを行ったことを展開している。

（2）「最後の晩餐」が「過越の食事」であったかについては、J・プリンツラー『イエスの裁判』（新教出版社、一九八八年刊）「第3章　逮捕」九七～一〇三頁参照。

第十章　ゴルゴダへの道

（1）J。プリンツラー『イエスの裁判』は、ローマ総督がイエスの処刑に消極的であったことを論証することを意図して書かれているが、かなり説得力がある。

（2）バーバラ・G・ウォーカー『神話・伝承事典』（大修館書店、一九八八年刊）より、「王位・王権」の項目、四〇六～四一四頁参照。

第十一章　イエスの聖餐

（1）トリスタン・グレイ・ハルス『トリノの聖骸布―謎に包まれた至宝―』（主婦と生活社、一九九八年刊）参照。

（2）「主の祈り」の内容は次の通り。

「天におられるわたしたちの父よ、御名が崇められますように。御国が来ますように。御心が行われますように、天におけるように地の上にも。わたしたちに必要な糧を今日与えてください。わたしたちの負い目を赦してください。わたしたちも自分に負い目のある人を赦しましたように。わたしたちを誘惑に遭わせず、悪い者から救ってください。」（「マタイ伝」第六章9節～13節）

（3）「イザヤ書」第五三章の内容。

「わたしたちの聞いたことを、誰が信じえようか。主は御腕の力を誰に示されたことがあろうか。

乾いた地に埋もれた根から生えでた若枝のように、この人は主の前に立った。

見るべき面影はなく、輝かしい風格も、好ましい容姿もない。

彼は軽蔑され、人々に見捨てられ、多くの痛みを負い、病を知っている。

彼は私たちに顔を隠し、私たちは彼を軽蔑し、無視していた。

彼が担ったのは私たちの病、彼が負ったのは私たちの痛みであったのに、私たちは思っていた、神の手にかかり、打たれたから、彼は苦しんでいるのだと。

彼が刺し貫かれたのは、私たちの背きのためであり、彼が打ち砕かれたのは、私たちの咎のためであった。

彼が受けた懲らしめによって、私たちに平和が与えられ、彼が受けた傷によって、私たちは癒された。

私たちは羊の群れ、道を誤り、それぞれの方角に向かって行った。

その私たちの罪をすべて、主は彼に負わせられた。

苦役を課せられてかがみ込み、彼は口を開かなかった。

屠り場に引かれる小羊のように、毛を切る者の前に物を言わない羊のように、彼は口を開かなかった。

捕らえられ、裁きを受けて、彼は命を取られた。

彼の時代の誰が思いを巡らしたであろうか。

私の民の背きのゆえに、彼が神の手にかかり、命ある者の地から断たれたことを。

彼は不法を働かず、その口に偽りもなかったのに。

その墓は神に逆らう者と共にされ、富める者とともに葬られた。

病に苦しむこの人を打ち砕こうと主は望まれ、彼は自らを償いの献げ物とした。

彼は、子孫が末永く続くのを見る。主の望まれることは、彼の手で成し遂げられる。

彼は自らの苦しみの実りを見、それを知って満足する。わたしの僕は、多くの人が正しい者とされるために、彼の罪を自ら負った。それゆえ、わたしは多くの人を彼の取り分とし、彼は戦利品としておびただしい人を受ける。彼が自らをなげうち、死んで、罪人のひとりに数えられたからだ。多くの人の過ちを担い、背いた者のために執り成しをしたのは、この人であった。」

第十二章　イエスの復活

（1）全能幻想が対象の認知にも大きな影響を与えることは、心理学的にも十分考えられる。対象を知覚する行為は、対象の中に意味を構成する要素が幾つか含まれることによって行われる。マリアが対象を園丁と同定したのは、園丁らしい服装によってである。今、マリアが「マリア」というイエスの声を幻聴することで、対象の中にイエスと同定される要素が含まれたので、対象がイエスに見える要素が生じたことになる。普段ならそれだけではイエスとは見えないが、全能幻想はイエスの声を発する対象はイエスであるという期待を現実化する方向に作用する。特に情が激しいマリアにすれば、その上に聖餐による全能感の異様な高まりによって、園丁をイエスと錯視する条件は十分整ったのである。このように宗教的な全能感から対象が神やキリストに見えるのは、宗教心理としては健常である。その主体が精神的に病的であるとは言えないのである。

小田晋著『狂気の構造』（青土社、一九九二年刊）の「狂気と信仰」の章を参照。

（2）弟ヤコブがイエス死後のイスラエル教会の最初の指導者であるという説もある。ナグ・ハマディ文書の「トマスによる福音書」のイエスの言葉一二に「正義のヤコブ」を死後の後継者に指名したとある。また二世紀のユダヤ人著作家ヘゲシッポスを引用したエウセビオスの著作は「正義のヤコブ」を「最初にエルサレム教会の司教に選ばれた者」と記している。ヨセフスは、『ユダヤ古代誌』にヤコブが紀元六二年に処刑されたことを悲しみ、ヤコブを「キリストと呼ばれるイエスの弟」と記しているから、この「正義のヤコブ」がイエスの弟であることは明らかである。

また弟ヤコブが最後の晩餐に加わっていて、復活したイエスが弟ヤコブに現れたことは、聖ヒエロニムスが引用した、現存しない「ヘブライ人の福音書」に記されていた。

「しかし、主は、祭司長の従者に経帷子を与えると、ヤコブのところに姿を見せた。なぜなら、ヤコブが主の杯をいただいたときから、主が眠りについている人々の中からよみがえるのを見るまで、決してパンを食べないと誓っていたからである。」

以上の記事については『真実のイエス』一五八〜一五九頁参照、なおイアン・ウィルソンはエマオに向かう途上でクレオパともう一人の者のもう一人の者がイエスの弟ヤコブであったことを示唆している。

エピローグ　「命のパン」における循環と共生の思想

(1)やすいゆたか「ほふられた仔羊―オウム真理教と『ヨハネの黙示録』」『月刊　状況と主体』一九九六年三月号（谷沢書房）所収

(2)やすいゆたか著「西田哲学入門講座」(『月刊　状況と主体』一九九八年十月号（谷沢書房）から二〇〇〇年一月号に所収）の中の一九九九年八月号〜二〇〇〇年一月号を参照。なおやすいゆたか著「西田哲学入門講座」は「やすいゆたかのＨ０ＭＥＰＡＧＥ」にすべて収録してある。

あとがき

本書は社会評論社が企画する「叢書・社会思想史の窓」の第一弾として出版されました。イエス・キリストが生誕して約二千年の歳月が流れました。イエスは世界史をキリスト出現以前と以後に大きく二分するほどのスーパースターだったということです。一体何がそんなにイエスがすごいところなのかということを本書では、解明したつもりです。ですからミレニアム企画としてとても相応しい内容ではないかと自負しているのです。

本書は一九九九年に三一書房から出版しました『キリスト教とカニバリズム』の姉妹本ですが、前著はイエスの「聖餐による復活」仮説を論証するのが主要な内容でしたが、本書は『バイブルの精神分析――新約篇』として、主に福音書の精神分析を内容にしています。個々の文章を厳密に精神分析するというよりも、「聖餐による復活」仮説が精神分析による仮説ですので、それを踏まえて福音書の内容を検討し、解説したと言った方がよいかもしれません。

もとより精神分析による仮説は歴史的事実まで確定するだけの証拠能力はありません。このように合理的に説明できるという範囲にとどまります。しかし現在においては、これ以上にイエスの復活に関しては、歴史の原像にアプローチする方法は残されていません。聖書学者は文書の成立年代やその時代の初期キリスト教団の置かれた状況から、福音書の内容を解釈しようとしています。もちろんそうした解釈は大切です。しかしそれが行き過ぎて、教団の利害関係からすべて説明してしまいますと、福音書の内容はほとんど宗教的真実を反映しない偽書だということになりかねません。

イエスの教団が旗揚げしたのは悪霊退散のパフォーマンスによってですが、この前提にあるのがイエスに聖霊が宿っているという信仰です。この聖霊の力で悪霊追放が行われたのですが、その際に福音書に書かれてあるようなことを実際にやったのです。ただ、それが演劇性を持っていたという指摘はだれもしませんでした。そうしますと福音書は実際はやりもしなかった悪霊追放をしたと嘘をついているのか、それとも本当に悪霊を追放したのかということになります。とかく悪霊追放をしなかったのなら、イエスブームは説明できません。でもしたとしたら、本当は目に見えないはずの悪霊をどうして人前で退散できたのかということになります。私はそれを説明できるのは弟子たちに悪霊役をさせる悪霊芝居しかないと思うのです。それはしかし悪霊追放を目に見える形で示すことだと捉えていましたから、イエスたちはインチキだとは考えなかったのです。

悪霊追放などを演出する技術は相当難しいものですから、組織的な訓練が必要ですね、それを前提してはじめて、聖餐による復活という史上最も謎に満ちたイベントの実相が見えてくるのです。「聖餐による復活」仮説で最後の聖なる一週間を解釈しますと、わりと聖書の記述に素直に沿った形で無理なく解釈できるのです。神がイエスを予告どおり復活させたとすれば、どうしてイエスを天に上げたまま戻さないのかが納得いくようには説明できません。「聖餐による復活」

仮説ですと復活のメカニズムが一応合理的に説明できます。とはいえ、実験的に再現できませんから、証明できたことにはなりませんが。

聖餐があったことは納得できても、イエスの復活体験が起こったことまでは、納得できない人が多いようです。しかし聖餐だけあって復活体験がなければ、初期キリスト教団の宗教的な主体的パワーが説明できませんから、カニバリズム的興味からのみキリスト教を捉えることになってしまいます。本書では「聖餐による復活」仮説が全体として納得できるように説明したつもりですが、成功しているでしょうか。

本書は「聖餐による復活」仮説に関連する福音書の分析に重点がありましたので、キリスト教の審判思想にはあまり焦点を当てることができませんでした。私の最近の聖書への関心は、「オウム真理教」事件に刺激されて、「オウム真理教」がハルマゲドンを起こそうと図って、「ヨハネの黙示録」を利用したことから、その内容に関心を持ったことが出発点でした。オウム真理教が「ヨハネの黙示録」を悪用したのは、「ヨハネの黙示録」がまさしく悪用するに相応しい内容のもので、イエスが再臨した際には本物のクリスチャン以外は審判ですべてゲヘナの火の池に投げ込まれることになっているのです。このような内容の文書をバイブルの結びの位置に置いてあるということは、とんでもないことです。キリスト教徒が愛の神イエスが、恐ろしい裁きの神として再臨し、人類の大部分にそういう裁きを下すという文書を平気で聖典から除外しないでいられる神経が疑われます。本当にイエスが愛の神というのなら、イエスを冒瀆しているヨハネの妄想の書を、聖典から即刻はずすべきです。その事に関しては別著で改めて主題的に論じることにします。

本書の執筆にあたり、石塚正英氏編集の『社会思想史の窓』に「バイブルの精神分析」を連載させていただいていることが機縁になりました。しかし本書はすべて新たに書き下ろしたものです。既に連載している分は後回しにしまして、新約篇を先に出すことにしたのです。その理由は、今年が西暦二千年の節目の年に当たり、キリスト教成立の最大の契機となったイエス復活の謎を解明することが、ミレニアム企画に相応しいと考えたからです。

本書は、復活の謎を次の二つのことから説明しました。一つは、イエスを聖餐した弟子たちがイエスの聖霊を引き継ぎ、聖霊に憑依《ひょうい》されたことによって、自分でも分からないうちにイエスになってしまっていた二重人格症状です。もう一つは、聖餐による神の子との合一から全能感が生じ、そのせいでイエスと似た人をイエス自身の復活と思い込む倒錯が起きたことです。実際この説明でいきますと、キリスト教の最大の謎であるイエスの復活と、キリスト教会の礼拝の中心である聖餐の秘儀が最も合理的に結び付けて説明できるのです。

本書はキリスト教を解体したり、攻撃したりするために書かれたものではありません。世界最大の宗教キリスト教の成立の謎を解明することは、物事を根源的に問うことを宿業としている哲学者の重大な関心事なのです。イエスが悪霊追放劇と「聖餐による復活」イベントを思いついたという私の推理は、無神論者からみれば神の存在を仮定しないでキリスト教の成立を説明したものとして、キリスト教の解体を迫るものと受け取られるでしょう。他方キリスト教徒からは、そのような奇想天外な発想によるユダヤ教の閉塞状態の打破は、イエスが天からの聖霊の声を聞いたからに違いなく、神の関与を前提せざるを得ないのではないかという受け止め方も可能なのです。

イエスの聖餐につきましては、『フェティシズム論のブティック』（論創社刊）における石塚正英氏との対話の中で、氏のフェティシズム論の応用として出てきた共通の認識であり、石塚氏には大いに学恩を受けています。本書のプロデュースに当たりましても、親身のお世話や助言をいただき感謝しております。そして現代思想研究会ではこのテーマでの発表の度に議論が白熱して、問題意識が随分深められました。特に藤田友治氏には、対談を通して、聖霊の引き継ぎに関して、日本の古墳との共通性を指摘していただき、「聖餐による復活」説に広がりを与えていただきました。そして下里正樹氏には、欧米文明の基底を成すキリスト教の成立にカニバリズムを見いだすことは、現代文明の秘められたカニバリズム的性格を暴露する上で重大な意義があると拙論を高く評価していただいたのです。また室伏志畔氏には、氏の幻想史学との方法論的な共通性を見いだして、拙論の方法論的意義を論じていただきました。また独りよがりで難解な文章にならないように、草稿に目を光らせてくれた同伴者の力添えがあって、なんとかこなれた仕上がりになった気がします。

社会評論社社長の松田健二氏には出版不況の過酷な状況の中で、時代の課題を的確に捉える感受性で本書の出版を決意していただき、大きな励ましと勇気を与えられました。まことに感謝の極みであります。

西暦二〇〇〇年四月十二日稿了

叢書『社会思想史の窓』シリーズ刊行にあたって

本叢書は学術雑誌『社会思想史の窓』刊行会の企画として、2000年度より随時刊行されます。『社会思想史の窓』は、1984年５月の創刊号から第117号までは、主としてヨーロッパ社会思想史に関する学術論文・翻訳資料・書評・新刊紹介等を掲載してきましたが、第118号(1997年５月)から誌面内容・体裁・発行方式を大幅に刷新しました。まず内容ですが、学術という枠にこだわらず読書界のさまざまな動向や要求に応えうる誌面へとヴァージョン・チェンジをしました。つぎに体裁ですが、それまでのＢ５判をＡ５判に改めました。刊行ペースは第100号までは月刊、その後は熟柿刊（不定期刊）となっておりましたが、第118号からはこれを年平均２回刊とし、雑誌と単行本とのボーダーを越えたムック形式に切り替えました。それから発行方法ですが、第117号までは市販せず刊行会から定期購読者への直送でしたが、以後は社会評論社を発行元にして市販としました。

さて、以上の経緯を経て今日に至った『社会思想史の窓』ですが、ここで編集発行方式に今一度大幅な変更を加えます。すなわち、第118号から採用してきましたムック形式を改め、一方では第117号以前の雑誌形式を復活させ刊行会からの直送方式で運営し、他方では叢書の体裁をもって単行本を編集し書店経由で販売する、というものです。前者は刊行会の会報の役割をも担うものとして、2000年９月の第124号から会報『社会思想史の窓』として新規に印刷とホームページ（http://www.i.dendai.ac.jp/~ishizuka/）双方において行ないます。それに対して後者は、単著ないし数人の執筆者による共著でもって本格的な議論を読者諸氏に提供することをねらいとし、叢書『社会思想史の窓』とします。

本叢書『社会思想史の窓』に相応しい心得をギリシア思想で喩えればこうなります。精神は身体を質料としこれに依存する形相であるとのアリストテレス学説を一方では認めつつ、他方では、現実に対するプラトン的イデアのヴァーチャルな力に人間の本質と限りない可能性を見いだす。そのような意図で刊行される本シリーズが多くの読者を得て現代社会のさまざまな動向や要求に応えうる媒体となることを心から望みます。

2000年９月　　　『社会思想史の窓』刊行会（代表・石塚正英）

やすい ゆたか
1945年生まれ。徳島県の疎開地で生まれ大阪市大正区で育つ。
立命館大学哲学思想関連科目講師。著述業。
主要著作
『人間観の転換―マルクス物神論批判―』（青弓社 1986年刊）
『歴史の危機―歴史終焉の超克―』（三一書房 1995年刊）
『フェティシズム論のブティック』（石塚正英との共著 論創社 1998年刊）
『キリスト教とカニバリズム』（三一書房 1999年刊）
やすい ゆたかのホームページhttp://www2.to/yasyut

イエスは食べられて復活した
――バイブルの精神分析・新約篇――

2000年9月26日　初版第1刷発行

編　者　やすいゆたか
装　幀　佐藤俊男
発行人　松田健二
発行所　株式会社　社会評論社
　　　　東京都文京区本郷2-3-10 TEL.03(3814)3861／FAX.03(3818)2808
　　　　http://www.netlaputa.ne.jp/~shahyo
印　刷　ルート企画＋平河工業＋東光印刷
製　本　東和製本

ISBN4-7845-1410-4

アメリカ・コリアタウン
マイノリティの中の在米コリアン
●高賛侑・李秀
四六判★2233円

ロス暴動の原因は「韓・黒葛藤」だと伝えるマスコミ。在日朝鮮人のジャーナリストと写真家が見た、マイノリティの中の在米コリアンの現状。

(1994·5)

新サハリン探検記
間宮林蔵の道を行く
●相原秀起
四六判★2000円

日本人とロシア人、先住民たちが交易した歴史の舞台。190年前、未知のカラフトをすさまじい意志の力で探検したひとりの日本人の軌跡を追い、国境地帯にたくましく生きる人びとの歴史と現在を生々しく記録。

(1997·5)

カンボジア・村の子どもと開発僧
住民参加による学校再建
●清水和樹
四六判★2200円

今なお内戦の危機が去らないカンボジア。破壊された学校の再建が住民参加のもとに始まった。仏教が深く浸透した村々で、僧侶を中心として復興と規律をめざす。NGOとして現地支援に関わる著者による報告。

(1997·8)

クレオル文化
社会思想史の窓
●石塚正英編集
A 5 判★2200円

21世紀はホモ・モビリスタ（移動する人）の新紀元となる。異文化接触は文化のクレオル化をもたらし、さまざまなアイデンティティが歴史を動かす。いま注目されつつある〈クレオル文化〉の総合研究。

(1997·5)

世界史の十字路・離島
社会思想史の窓
●石塚正英編集
A 5 判★2200円

シチリア、ハワイ、キプロス、チモール……。民族や言語、宗教などが交錯する世界史の十字路＝離島に焦点をあてる。ボーダーレス時代の離島の社会史的解明。

(1998·4)

ハワイ　太平洋の自然と文化の交差点
●津田道夫
四六判★2000円

島々の自然と生物、先住民の生活と文化、多民族が共生する歴史。ハワイ旅行が楽しくなる情報満載。写真多数。

(1998·7)

アフリカの街角から
ジンバブエの首都・ハラレに暮らす
●佐野通夫
四六判★2200円

アフリカ南部の中央東側にあるジンバブエ。イギリスから独立したこの国に暮らした植民地教育の研究者が目にしたこと。写真多数。

(1998·5)

子連れで留学 to オーストラリア
●佐藤麻岐
四六判★1600円

子どもがいても自分の可能性は捨てられない。壁を破って現状から抜け出したい……と、４歳の娘を連れて留学を決意。数々の難関を越えて体得した準備と手続きのノウハウ、留学生活体験とエピソードを満載。

(1996·12)

空の民《チャオフアー》の子どもたち
[ちいさなところから世界をみつめる本]①
●安井清子
四六判★2000円

ラオスを追われた抵抗の民＝モンの子どもたちと、日本人ボランティア女性とのタイ国境難民キャンプでの豊かな出会いの日々。吉田ルイ子さんすいせん。

(1993·3)